教育的味道

张春花◎著

/

JIAOYU DE WEIDAO

光明日报出版社

图书在版编目（CIP）数据

教育的味道 / 张春花著. -- 北京：光明日报出版社，2025. 4. -- ISBN 978 - 7 - 5194 - 8367 - 8

Ⅰ. G521

中国国家版本馆 CIP 数据核字第 20252U1J59 号

教育的味道

JIAOYU DE WEIDAO

著　　者：张春花

责任编辑：陆希宇　　　　责任校对：许　怡　乔宇佳

封面设计：中联华文　　　　责任印制：曹　诤

出版发行：光明日报出版社

地　　址：北京市西城区永安路 106 号，100050

电　　话：010-63169890（咨询），010-63131930（邮购）

传　　真：010-63131930

网　　址：http：//book. gmw. cn

E - mail：gmrbcbs@ gmw. cn

法律顾问：北京市兰台律师事务所龚柳方律师

印　　刷：三河市华东印刷有限公司

装　　订：三河市华东印刷有限公司

本书如有破损、缺页、装订错误，请与本社联系调换，电话：010-63131930

开　　本：170mm×240mm

字　　数：242 千字　　　　印　　张：13. 5

版　　次：2025 年 4 月第 1 版　　　　印　　次：2025 年 4 月第 1 次印刷

书　　号：ISBN 978 - 7 - 5194 - 8367 - 8

定　　价：89. 00 元

荐读：她一直奔跑在路上

李正栓

我带过的学生可以说有成千上万，张春花是其中较特别的一个。

正如一位哲人所言：人类与动物最大的不同，就是人能不断成长，不断提升自己的能力，能不断突破自己的极限。

在这个过程中，她审视自己，定位自己，不断把自己更新成最新版本，不断读书，读好书，变成更好的自己。她一直有个坚定的目标：通过不断的学习，成为 better myself，即更好的自我。这些年，我见证了她默默耕耘，稳扎稳打，从一个名不见经传的普通乡村教师，靠不服输的闯劲儿和教学实力招聘到完全陌生的城市，从初级教师，到中级、高级、特级、正高级教师，她成了中学教师中的佼佼者。

没有人能够随随便便成功，她说："我每天睡前都'自我反思'，用显微镜放大自己的不足，用凸透镜缩小自己的优点，反复在脑海中扫描和检索自己的问题与差距，通过'冥想刻意练习'，不断琢磨，反复实践，改进思维方式，通过'自加压力'法，跳出自我的圈子，不断扩大能力圈。能力提升了，能做的事的范围也就扩大了，能做的事情多了，人生便会多一些成功的机会。"

张春花给我的感觉：思想占位高，对待教育的思考不拘泥于小范围，而是用独到的眼光和敏锐的视角思考中国教育，甚至是全人类的教育。从时间跨度来讲，她着眼于当代教育现状，并大胆预测未来教育的发展趋势，是个有家国天下大情怀的教师。创造性和独特性让她的教育文章令人震撼，耳目一新，如《教师的使命》《人工智能时代，全球教育将发生怎样翻天覆地的变化？》《云时代的女教师》《分数真的那么重要吗？应该重新定位教育的方向！》等，立意新颖，语言练达，笔法纯熟。

想做一个新时代的好教师，我们只有本学科知识是远远不够的，必须广泛地了解各个学科的跨界知识，尤其是教育学、心理学知识。张春花在新冠疫情防控期间，读了很多书，自学考取了中国科学院的"心理咨询师"。她还认识到了健康管理的重要性，又自学考取了“高级健康管理师”和“高级公共营养师”，她的学习力和前瞻性令人刮目相看。她多才多艺，舞蹈、游泳、绘画、骑行、徒步、音乐，样样不错，把那么忙碌的高中生活过成了一首诗，而且酷爱国学，喜欢唐诗宋词的她业余写了近500首原创汉语诗词，热情地吟咏生活中的小幸运、大幸福。

幸福是什么？幸福就是前方有目标，永不满足，挣脱职业倦怠，摆脱职业束缚，一直奔跑在路上，向阳奔跑，自信而执着。我希望张春花人如其名，是春天里永不凋零的花，在一岁又一岁的光阴里，绽放着更美的样子！

荐读文章作者简介

李正栓，北京大学文学博士，英国斯特灵大学荣誉博士，博士生导师，河北师范大学外国语学院教授。

任教育部高等学校外国语言文学类专业教学指导委员会英语专业教学指导分委员会委员、教育部高等学校翻译专业教学协作组成员、国务院学位办第三届全国翻译专业学位研究生教育指导委员会学术委员会委员。

河北师范大学外国语学院原院长。中国英汉语比较研究会剧会长，中国民族语文翻译研究会副会长，中国翻译学会常务理事。

目 录

CONTENTS

第一篇　教育的味道

尘世的喧嚣，让我们遗忘了阳光的味道；忙碌的教学工作，令我们忘却了教育的味道。

台湾著名作家林清玄说："味道是一样的纯净着，一样的微小，一丝丝，入心、入肺。甘甜、芬芳、怡人。阳光的味道很干净和唯美，像川端的小说，透明、简洁、历练。行走在世上，许多靶子等待我们绷紧的箭矢去努力地命中。心里装满太多的世故与烦忧，幸福的位置，也就变得小了，或者卑微到忽略不计。"

还记得，我入职后上完第一节课后的那日：8 月的空气里充盈着果香与花香，阳光正好，微风不燥，心情是如释重负的轻松与释然。我抱着魏书生的那本《好学生，好学法》，躺在操场的草丛中晒太阳。

一大片一大片的茂草绿绿地向视野边际处铺展延伸。有几个女学生背靠背坐在草丛中，她们轻声吟诵着什么，丝毫感觉不到时光在流淌。

我完全放空了自己，眷恋着这片草，还有草上特定的明媚的阳光。这是秋日的太阳，静悄悄地释放着温柔的抚摸力量。

如今，我已任教高中英语 29 载。

漫步在塑胶操场上，我遇到的学生们都欢快地过来打招呼问好，有认识的，也有不认识的，他们那样年轻，浑身散发着青春的气息。

夕阳无限好，落霞红彤照。

我选了一处离球门远一点的草坪，坐下来。我轻轻抱着膝，缓缓抬起头，让脸接受阳光的抚摸，紧闭起双眸，心里有朵白莲花慢慢绽放开来，一瓣又一瓣，占满了整个心房。渐渐地，教学中的点点滴滴在心里升腾起来，越来越清晰。孩子们渴望的明眸、求知的热望、激动好奇的眼神，让我重温教育的初心。课前一次次的紧张、焦虑、不安，由隐隐的烫，变成了静静的暖。

静静的，温柔的，带着 8 月桂花的香气，我的心静极了，没有一丝涟漪。

等待我的同事的到来，我们一起野餐。

太阳慢慢落下去，红霞漫天，北雁南飞的身影一字剪影在高空显现。草丛中慢慢流溢着阳光的味道，香香暖暖的，轻轻柔柔的，从我的长发、肩膀、素色碎花连衣裙，从我目光所触的高高的教学楼，流淌过来。

她来了，带来了可口的小零食：碧绿的黄瓜、油油的榨菜、火红的火龙果。"我们当老师 29 年了，不管多苦多累，听到同学们向咱们问声好，感觉还像当初那样幸福美好！"她感慨着，落日的余晖在她略带银丝的短发上跳着舞。

我的心泛起春天般明媚、柔和的气息。我不由自主贪婪地连吸几口气，任胸膛里流动起温润、甜美的香气。在故乡的操场上，我也曾好多次这样静静地追随着阳光，嗅着九月菊小小花朵身上阳光的味道。

太阳这样美好，阳光下的一切都那么金灿灿的、暖烘烘的、懒洋洋的。

我卸下了从凌晨 5 点多起床就上早读，然后上 4 节课，参加教研活动，开例会，批改作业，做课件，做限时训练等如尘土般的疲惫，让自己也变得懒洋洋，如羽毛般轻飘飘的。

我朝着打篮球的男孩子们投去羡慕的目光，听着打羽毛球的女孩子们发出悦耳的银铃般好听的笑声……预备铃声响起来了，它是那样舒缓悠扬。

教室里响起同学们琅琅的读书声。我们仰卧着，歪头凝视着彼此爬了皱纹却不愿老去的脸，一起发呆，会心微笑：教育的味道，真好！

第二篇　杨绛：永远不要把自己的快乐与悲伤放在和他人的比较中

人生万象，每个人都有各自的剧本。

杨绛先生在《一百岁感言》中说："上苍不会让所有幸福集中到某个人身上，得到爱情未必拥有金钱，拥有金钱未必得到快乐，得到快乐未必拥有健康，拥有健康未必一切都会如愿以偿。"

实际上，每个人的生活在红尘中各有各的好，亦各有各的难。

有些人自家的孩子懂事听话，却羡慕别人家的孩子考上了清华，天天看孩子不顺眼，生闷气；自己有一份薪水不错的稳定工作，却羡慕别人在商海中赚大钱，于是东施效颦，投资股票，最后赔光了所有积蓄，后悔晚矣；天天羡慕朋友圈的人过得风生水起，光鲜亮丽，看自己的生活却单调无聊，满地鸡毛蒜皮。

如此一番比较，不是抱怨自己没钱没闲，就是焦虑日子太平凡，羡慕嫉妒别人的光鲜亮丽，痛恨自己的平凡渺小。

在我们的生活中，很多人喜欢打开自家的窗，去窥望别人家的生活，在不断地比较中迷失了自我，把原本的岁月静好活成了兵荒马乱。

杨绛先生说："人家挂着窗帘呢，别去窥望。宁可自己也挂上一个，华丽的也好，朴素的也好……你总得尊重别人家的窗帘。"

在她的《窗帘》一文中，杨绛先生记述了一位叫夏洛特的姑娘。夏洛特受到了诅咒：她只能生活在一间屋子中。她在房间中吃喝无忧，每天还能做自己喜欢的事，生活十分惬意。有一次，她不小心拉开了窗帘，透过窗户，看见外面的人在阳光下玩耍、奔跑。自那之后，她每天茶饭不思，总是盯着窗外看。看着旁人都自由自在，她羡慕不已，再与自己的生活对比，她感到深深的苦闷。直到有一天，女孩不顾诅咒逃出了房间。出门后，她才发现所谓的玩耍、奔跑，只是人们为了生存而四处奔波。外面的很多人没有食物吃，还有人连住所也没有，只能露宿街头。有人听闻她是被诅咒的女孩，羡慕道：“你的命真好啊，从来不用工作，每天都能休息，做自己喜欢的事。”

女孩这才恍然大悟，原来自己厌倦的日子，竟是对方可望而不可即的生活。

所以，比较是拿别人的生活折磨自己。

正所谓，盲目攀比使人易怒如虎，自怨自艾，不胡乱比较使人温和从容，岁月静好。真正有智慧、有涵养的人，看得了别人的好，见得了别人的优秀，容得了自己的平庸，看得见自己的独特。

拉好自己的窗帘，屏蔽他人的窗帘，安静过好自己的生活。容世上难容之事，容人、容己、容天下，以通透心赏清风明月，享自己的诗和远方。

人生难得百岁，我愿如杨绛先生那般以文字为伴，走过人生的每一个春夏秋冬，写下温和从容的诗篇。爱世间万物，沿途为晚霞停下脚步；爱万物，且深爱：浅喜似苍狗，深爱如长风；爱这吹不出褶的平静日子，感受它的熠熠闪光。

平凡的日子是天堂开在人间的分店。

我们要成为永远期待、不失浪漫、清澈明亮的存在，成为别人眼中诗意阑珊的烟火。我想要到达的彼岸，是我已经拥有的存在，是别人渴望到达的彼岸。

第三篇　读人，读己，读人生

生命的开始是一声清脆的啼哭，生命的最后是无尽的寂静。

我们走过了许多个春夏秋冬，我们见过了许许多多世态炎凉，然而，我们选择以《老人与海》中“可以被毁灭，但绝不能被打败”的态度面对生活，始终保持一颗纯粹的心，一直期待生命的美好，向生命的最深处漫游，永远坚定不移地深信：人生是现实生活中的越狱！

读人，读己，读人生，我会在某个瞬间以公正的态度看清这个世界，看懂他人和自己，瞬间成为一个通透的人，一个坦然接受一切的人，一个生活虽然简单，精神却“富可敌国”的人。

我们应无比真实地顺从自然为生活安排的一切，不固执地刻意创造一种所谓适合自己的生活，而是欣然接受并珍惜生活中已有的幸福和平凡。

在那飘动着的云海中，在天地惊人的变化里，我看到了彩虹一般的光为周围的一切染上了鲜明的色彩。陶醉中，我伸手去触碰那飘忽的色彩，却看到一道彩虹慢慢形成，勾勒出生活真实美好的模样。

行走于纷繁的世间，我用思索的眼光审视他人，读他人，读自己，读人生，就能产生智慧，获得共情能力，获得幸福感，获得自我丰富感。

“读”是大智慧，是一种生活姿态，是找寻自我的方法，是人生境界的顶端。它不是来自别处，而是来自我们平静、疏淡、丰富的内在，来自我们对简朴、有趣生活的追求与热爱。

举世狂欢、众志成城时，我们超然地自省；遭遇困难、挫折时，我们找到一个坚实的心灵城堡，自我疗愈，使心灵的伤口复原，然后以更好的姿态重新出发。

轻快地走路，热烈地生活，自在地呼吸，狠狠地热爱，我们要深刻地思考、慈悲地爱：爱一朵不知名的小花，一株青草、一片白云，抑或一只小狗……

第四篇　数字化时代，教师如何幸福、快乐地生活？

没有谁的人生，能始终一帆风顺，每个人都会经历失败和坎坷，都会有情绪失控，甚至崩溃的时候。据说，每个人的一生中，有至少 3 次崩溃到想抛弃一切，甚至想结束自己生命的时候，教师也不例外。

世界上，越卓越的人物，命运越多舛，人生越跌宕起伏。然而，他们是永远打不死的“甄嬛”，越是逼仄处，越是用力时，他们用接近满分的逆商，跨越了普通人无法跨越的障碍，活成了一只只“不死鸟”，书写了非同寻常的伟大人生。

“股神”巴菲特的黄金搭档查理·芒格和巴菲特联手创造了有史以来最优秀的投资纪录——年均 20.3%的复合收益率创造投资神话。他去世后，巴菲特特在第一时间悼念，他说：“没有查理的灵感、智慧和参与，伯克希尔不可能达到今天的地位。”

查理·芒格，身价高达近 200 亿元，享年 99 岁零 11 个月，人生长寿这张试卷也优秀得异于常人。查理·芒格这一生命运多舛，先后经历了金融危机、战争退学、离异丧子等危机，然而他深耕投资界，用他的财富观，影响了一代中国人，影响了全世界！

他在就读哈佛法学院之前就已经学会了学习的方法。他在著名演讲中说：“在我这漫长的一生中，没有什么比持续学习对我的帮助更大。”再拿巴菲特来说，如果我们拿着计时器观察他，会发现他醒着的时候有一半时间是在看书。他把剩下的时间大部分用来跟一些非常有才干的人进行一对一的交谈，有时候是打电话交谈，有时候是当面交谈。仔细观察的话，巴菲特很像个学究。我们要拥有跨学科的心态，形成自己的思维框架。人们必须拥有跨学科的心态，才能拥有高效而成熟的生活。查理·芒格的成功人生离不开两点：持续学习和跨学科思维框架。

《牛津经济论文集》刊登的一篇权威论文告诉我们：牛津大学领导的一项研究表明，更爱学习的人往往会增加他们的好感度和影响力，这有利于建立积极的人际关系，获取更多的知识。

幸福长寿是我们全人类本能的追求。幸福的来源有很多：本人身心的健康，或者与周围人相处和谐、联系愉快等等。人是接触型社会动物，人类大多数的幸福、快乐源于与社会的愉悦接触。

所以，与社会接触过程中，人们通过提升获得成就感，进而激发学习欲，这才是快乐的有效来源。学习的确是幸福的触发器，并且有无数的研究支持这一点。根据 fiorreports 网站近日报道，学习给人带来自信和成就感，因此让人快乐。

通过学习知识，人们可以根据自己的偏好和经验为某个想法做出贡献，同时获得受人欣赏的感觉。这种自信会让人快乐。

适应能力和动力促进学习，可以带来幸福感，提升人类的幸福指数。失败也能激发人类提高适应能力和增强动力，从而鼓励人们去学习与某一学科相关的拓展知识。

教师工作繁杂、缺少新鲜感，教师本身对周围评价就高度敏感。跨学科知识的匮乏，校园环境的局限性等因素，使教师很容易受困于狭小空间，思维僵化，徘徊于固定模式中，不愿或意识不到要突破自我进行跨界学习，来获得自信心的提升、社会认同感和自我幸福感。

我在浏览外刊时，读到了 Dior Reports 的一篇文章，名为《学习是快乐的必经之路：科学证明了这点》。Your growing skills can help you confidently contribute to your current and future success.（成长所积累的技能能帮助你自信地为当前和未来的成功贡献力量。）

正如我们努力学习后，考试成绩名列前茅，会得到周围人的认可和夸赞，不仅可以享受他人羡慕的目光，还可以享受被他人请教时的优越感，人生的幸福快乐感油然而生。

这种个体价值快乐和成就感，会让人自信满满，成为持续学习的动力来源！

No matter what you learn, it has the potential to open doors or provide growth options that are uniquely interesting to you.（不管你学了什么，它都有可能为你打开一扇门，或者提供你感兴趣的成长选择机会。）

We all crave choice and feel like we are in control of our lives and our future, and learning is oftenself-determined.（我们都渴望选择，觉得自己掌控着自己的生活和未来，学习往往是自主的。）

As you learn new things, you also broaden your horizons and a wider perspective is associated with experiences of happiness and joy.（当你学习新事物时，你也会开

阔你的眼界，并且这种更广阔的视野与幸福和快乐的体验有关。）

通过多读书、多学习，我们不难发现这样的铁律：越学习，越有成就感！越学习，越有社会认同感！越学习，越有内在丰富感！越学习，越有未来掌控感！

所以，我们发现：越学习，越快乐！越学习，越幸福！幸福要靠不断学习来获取，快乐需要不断学习来保持。

幸福、快乐、有成就的人生，是我们每位教师都渴望追求的极致，它需要我们调整心态，学会改变，积极学习，持续不断地自我充电来完成。

毛泽东说："多少事，从来急，天地转，光阴迫，一万年太久，只争朝夕。"唐代诗人刘禹锡的《砥石赋》亦告诉我们："石以砥焉，化钝为利。"这句话是说用石头去磨一样物体，最后可以把钝的磨成利的，变成利器。

坚持学习，难吗？李白高声朗诵："精感石没羽，岂云惮险艰？"其精诚所至，金石为开，岂能惧怕艰险？

世界上的所有付出与努力，都不会白白浪费，必然是有回报的，因为"肩鸿任钜踏歌行，功不唐捐玉汝成"。在这个瞬息万变、日新月异的数字化时代，"新"和"旧"时刻都在互相推动，"新故相推舒画卷，丹青妙手向翠峰"，未来向我们舒展了一幅巨大的时代画卷，仿佛丹青妙手在泼墨翠绿的高峰。

"青春虚度无所成，白首衔悲亦何及。"落日不会停，东流之水不会停，立身成事当在壮年。

待我学遍天下，世界教育一家；
待我学遍天下，课堂处处开花；
待我博古通今，学生名满华夏；
待我学识渊博，畅游宇宙天涯；
待我半生戎马，余年乐学话桑麻。

第五篇　分数真的那么重要吗？应该重新定位教育的方向！

全国两会上，多位代表委员积极为孩子们的教育发声："改变唯分数的指挥棒。"可见，只根据分数高低定义孩子是错误的认知。考试成绩不该是评价一个孩子好与坏、进步与退步的唯一标准。

教师和家长只盯着成绩，只通过孩子的成绩就盖棺定论，给孩子打上学霸、普通生或差生的标签，这是片面的、错误的做法，可能会忽视孩子的上进心，否定了他们精神层面的成长，甚至会扼杀他们对学习的热情，堵塞他们通往优秀人才的成长通道。

"唯考试成绩"论，是一种错误的评价标准，它应该与其他事物一样，不断更新，被修改为更全面的、科学合理的新时代理念。以人的成长和云时代背景为前提，以创造更美好、更和谐的社会为目标的崭新理念，应该广为人知。

那么，一张成绩单，到底应该怎样看呢？

首先，一个孩子的成绩好坏，大可不必只拿着他的成绩单来进行区分。日常学习的点点滴滴能够更准确地反映他们的学习实质：学霸把认真学习当成理所应当的事情，每一节课，每一次作业，每一次小测，都认真对待，且努力做到极致，偶有发挥失常或退步，也能迅速调整，为下一次的成功积蓄力量，他们是学商满格的全方位优质人才；学渣却把学习视为敌人、当作累赘，课堂上开小差，精神时常"掉线"，"元神"游离于教室之外，糊弄作业，学习不走心，考试全靠运气，学商严重不足，知识储备极为欠缺。

这种严重的反差并不是智商的巨大差距，很多时候是孩子们对待学习的不同态度导致的。学霸对人生有很好的规划，对自己想成为什么样的人，想考什么样的大学，甚至将来想从事什么样的工作，都了然于心，所以动力十足，越学越有劲儿，越学越接近梦想，越学越有成就感。

学渣的表现恰恰相反，他们缺失目标，没有人生规划，他们和学习相虐相杀：目光游离，眼神空洞，大脑短路，灵魂出窍，时刻盼望着下课，下了课就胡侃乱闹，只能通过违纪或者搞怪发泄旺盛的精力，或者通过吸烟、打架等恶劣行为来排解无聊和压抑，并以此在教师和同学面前刷存在感。

优秀的学生各有其优秀之处，不积极学习的孩子却有着相似的问题。

成绩的确反映一定的问题，但不能反映全部的问题。

一个孩子的进步，应该包括正能量指数、逆商指数、情绪管理指数、生活自理能力指数、心理独立指数和考试成绩系数。

有些时候，孩子的总成绩可能不太高，但是孩子始终积极乐观向上，乐于助人，文明礼貌。这样的孩子，你能说他不是好孩子吗？比起那些只顾学习、自私自利、生活能力差的学生，他们更该被重新定义，贴上好孩子的标签。

成绩优秀就是优秀的人，就是所有人的心头宝，这是个天大的错误。

陈立人，1996 年出生，四川成都人，毕业于大名鼎鼎的成都七中，高考以优异成绩考入清华大学。大学毕业后，他前往美国加州大学圣地亚哥分校攻读硕士学位，且在互联网巨头 Google 工作，薪资待遇优厚，年薪约 26.9 万美元，折合人民币 207 万元，他是人人艳羡的学神级天花板。他的妻子是与他同为清华大学 2014 级电子信息工程专业的同班同学，来自吉林省松原市的高考状元于轩一，大学毕业后，她也一起前往美国加州大学圣地亚哥分校攻读硕士学位，且在 Google 的云部门工作，年薪也 200 多万元。

美国当地时间 2024 年 1 月 16 日，在美国加利福尼亚州圣克拉拉县洛思阿图斯市，一名 27 岁的男子用拳头将妻子活活打死，这件事情不仅在美国引起广泛关注，而且在国内也挂在各大媒体的热搜榜单。杀人者正是上面的学霸陈立人。所谓的学霸，却是家暴男，是人格分裂狂，是杀人恶魔。成绩优异的学霸，做人方面却是“人渣”，如何能与优秀沾边？

所以，为了人类的健康延续、社会的积极进步，唯成绩论的观念应该改写，我们应该重新审视优秀，重新定义优秀，赋予优秀更全面准确的定义，正确引领人们的认知：“古今中外，每个国家都是按照自己的政治要求来培养人的，世界一流大学都是在服务自己国家发展中成长起来的。我国社会主义教育就是要培养社会主义建设者和接班人。”习近平总书记在北京大学师生座谈会上为我们新时代的教育培养指明了大方向。

“好的教育应该是培养终身运动者、责任担当者、问题解决者和优雅生活者。”2021 年的全国两会，全国政协委员、江苏省锡山高级中学校长唐江澎提出了创新的、与时俱进的理念，可谓振聋发聩。唐江澎说：“分数是教育不可回避的重要内容，高考是国家保证人才选拔公正性的基础性制度，但是教育的终极目标是促进人的幸福。老百姓真正想要的好学校一定是既能够让孩子有良好的学业表现，又能够让孩子全面成长。”简单来说，好的教育应当教会孩子感悟生活、发现美、成就更好的自己。

作为一名从教近30年的高中英语教师，我认为：我们给下一代什么样的地球，取决于我们给地球什么样的孩子；给地球什么样的孩子，取决于我们给孩子什么样的教育。

教育是全人类永恒的事业，好的教育必定是这样的。培养出知识广博、心胸宽广、心理健康、人品端正、有家国情怀、对家庭有爱、对社会有贡献的人。这样的人，三观正确，懂得人为什么活着，他们亲近自然，懂得敬畏，有责任，有担当，能睿智地解决学习、家庭和社会上遇到的各种问题。他们内心强大，能很好地掌控情绪，是责任的践行者、勇敢的创新者、智慧的地球公民、强大的宇宙“三体人”！无论遇到怎样的困难，他们都能理智地选择顽强活下去；无论遭遇怎样的险境，他们都能在万千荆棘中绽放从容、优雅的生命之花：绚烂、迷人、自由、芬芳！

第六篇　教师，该如何甩掉烦恼？

作家雪小禅说过：“光阴早就把最美妙的东西加在了修炼它的人身上，那个美妙的东西，是清淡，是安稳，是从容不迫，也是一颗最自然的心。”

在繁杂琐碎的教育、教学事务中，教师有了一颗清醒的心，就能够有一种简单的生活态度。越简单，烦恼就越少。

在教学生活中，只有简单的心态、活法，才能使我们超然物外，我们才能活成一股清流，涓涓流淌，滋润自己，温润他人。

从某种意义上来说，人的欲望跟幸福是相悖的。欲望越多，幸福越少，所以筛选欲望，控制诱惑，我们才能掌控人生，获得更多的幸福感，把人生书写成亮丽的诗篇。我们让自己简单一点，才能更有精力滋养灵魂，凝练思想，抚慰心灵，长寿、安康。

美国弗吉尼亚大学教授莱迪·克洛茨在新书《减法：应对无序与纷杂的思维法则》里说：“人这一生的修行就是一个做减法的过程。减法思维，不是要求我们简单地摒除冗余的信息，而是教会我们在日常生活中，洞察真相，看得更透彻，活得更轻松。”

书中显示：20 世纪中叶以来，我们追求的不仅仅有食物、衣物和建筑材料，还有能源。我们教师的工作安排也更加紧凑，无论单位有多么人性化的休假政策，我们的闲暇时间都没有古代和当代的农民多。我们虽然一直在批判“896”的特殊教师作息时间，但是我们每个教师都在努力适应并习惯这种生活。把时间花在让我们深度内耗的事情上已经够糟了，更糟糕的是，我们教师却深陷其中，痛心疾首、无法自拔。逐年增多的同学虚度宝贵的时间，假期在玩网络游戏、刷短视频、聊天中悄悄溜走，他们却茫然不知，麻木不仁，沉迷于多巴胺的快乐中，成为“奶头乐”一族，浑浑噩噩地浪费着不可重来的青春。

蒂姆·克雷德在《纽约时报》上发表过一篇经典的文章，题为“忙碌的陷阱”。

他告诉读者：“假如你生活在 21 世纪的美国，你可能会听到很多人跟你说自己很忙……很明显，这种话表面是抱怨，实则是炫耀。”我们在网络虚拟世界中，耗费了自己最宝贵的资源，那就是时间。

我们无法减少待办事项会导致“时间荒”。我们在工作和生活中都会遭遇“时间荒”。每当有很多事情要做，但时间又不够的情况下，我们就会感到时间的荒芜，进而产生一种无力感，产生一种对生活的无法掌控感和对未来的无法掌控感，这些让我们产生极大的挫败感，烦恼随之而来。

研究团队调查了北美和欧洲的6000多人，询问他们是否会付费使用节省时间的服务，如请人打扫卫生、做饭、维修家电家具。只有极少数人愿意付费，这些人的生活满意度恰恰更高。

我们教师，无论多忙多累，都无人奢侈地选择请小时工或者请保姆分担日常的琐碎事情。除了收入不高，还有更大的原因是思想方面的保守，对外在评价过于敏感和对自身要求过于苛刻。

席慕蓉说：“为了博得他人的称许与微笑，我战战兢兢地将自己套入所有的模式、所有的桎梏，走到途中才忽然发现，我只剩下一副模糊的面容和一条不能回头的路。”

人生的一切烦恼，归根结底就是太过在意他人和外在的附着物，迷失了自我。一个失去自我的人，徒留一副空壳，最终使心背负着沉重的包袱，跌入无尽的痛苦之中。生活会变得越来越累、越来越辛苦，而真正的聪明人，都懂得删繁就简，智慧地为生活做减法。

教师该如何做减法呢？

世间万物皆过客，没有什么是永恒，荣誉、声望、亲情、友情、爱情，最终都会随时间的流逝而逝去。所以，凡事追求要有度，不用力过猛，否则伤及自身，身心疲惫，一身病痛，难得天寿。可能很多教师，拿不到退休金就去世了。

给精神做减法，压力小了，紧绷的神经就松开了，浑身就自在了，脚步就轻快了，睡眠也好了，整个人都洋溢着活力。

自我精神减负，是真正的减负，是放过自己、快乐生活、长寿生活的充要条件！

烦恼都是宅在狭小的天地中憋屈出来的，如果你感觉压力有点大，烦恼有点多，就走出去，到广袤的大自然中去，去沐浴阳光，舒展筋骨吧。动则升阳，让我们找回元气满满、活力四射的自己吧！

曾国藩从小便体弱多病，尤其是10多年的寒窗苦读，在久坐不动中损伤了身体的气血。他的这种情况像极了每日伏案备课、批改作业、写论文、做课件的我们。好不容易熬到下班，我们回家后就只想如一摊泥窝进沙发里，一动都不想动。做完饭，收拾完家务，剩下的时间，我们也只想坐着或躺着刷手机。

我们像个陀螺一样，每天机械地旋转于家和学校之间，一到周末，所有的时间便都贡献给了看望老人、辅导孩子、带孩子上培训班、超市购日用品、大扫除等忙碌中，高中教师更疲惫，大多数没有周末，都在连轴转地加班中。周末，我们被这些杂七杂八的事情捆绑着，感觉比平常上班还令人抓狂和窒息。长久下来，我们积劳成疾，烦恼加倍，生活无趣。

所以，我们教师，也如曾国藩那样，常会感到“耳鸣不止，稍稍用心，便觉劳顿”。中度亚健康、重度亚健康甚至不健康已经成为教师的常态。

对此，我们当如曾国藩那样，学会设法改变。比如，上班时，我们每 40 分钟最好站起来走动走动，业余一定不要宅在家里，要走出去，去户外沐浴阳光，慢跑或者远足，这些都是很好的选择。

曾国藩说：“行步常勤，筋骨常动。”

保持运动，是长久健康、摆脱烦恼、保持身心愉悦最好的药。古语有言：“流水不腐，户枢不蠹。”不停流动的水不至于腐臭，会转动的门轴不会被虫蛀烂。

我们教师无论多忙，都一定要给锻炼留下时间。有规律的运动，可以让人拥有一个好身体，健康又健美，让人远离疾病伤痛，永葆生命的活力，让人更加高效地工作，为生命这块电池长久续航。

又是一个加班指数满格，空闲指数余额严重不足的周末，我清空了大脑，贪婪地呼吸了几口清晨 6 点钟的空气，凝视着依然在睡梦中的城市，骑上心爱的小电动自行车，微微一笑，心底浮起五月天的那首歌：《离开地球表面》。

> 丢掉手表，丢外套，丢掉背包，再丢唠叨。
> 丢掉电视，丢电脑，丢掉大脑，再丢烦恼。
> 野心大，胆子小，跳舞还要靠别人教。
> 恨得多，爱得少，只想越跳越疯，越跳越高，把地球甩掉。
> 一颗心扑通、扑通地狂跳，一瞬间烦恼、烦恼、烦恼全忘掉。
> 我再也不要，再也不要，委屈自己一秒。
> 一颗心扑通、扑通地狂跳，一瞬间烦恼、烦恼、烦恼全忘掉。
> 我甩掉地球，地球甩掉，只要越跳越高。

第七篇　每个孩子都会破茧成蝶

我的一位小学班主任李金栓老师对我说过他改造一个班级的秘诀。

他的学生在五年级的时候遇到一个非常严格的教师，留给学生的作业非常多，而对学生的评价却吝啬表扬，甚至大部分时候对学生的评价很低。这位教师的笔下，很少有学生可以得到“优秀”，有学生得到“良”已经很不错了，有许多学生拿到“可”或者“差”，这使很多孩子的家长对自己的孩子不理解，甚至恶语相向、拳打脚踢，孩子们对学习也逐渐失去了信心和兴趣。

当这个班级的学生升到六年级六（2）班的时候，他发现学生们的学习情绪很低，每天的作业只是勉强交差。尤为糟糕的是，孩子们都很畏缩，一点也没有小学生天真、可爱、爱问爱动的模样。

“我很心急，心痛，所以翻阅资料搜索方法。最后，我决定运用‘赞赏法和鼓励法’，开始把作业的最低等级定为‘良好’，即使写得不太好的学生也给‘良好’，好一点的就是‘优良’，再好一些的是‘优秀’。写得非常好的，我给他‘优秀’加一个笑脸。正确率百分百，书法又漂亮的，就给他画一个笑脸或一朵小红花。”

教师所谓的“笑脸”和小红花，只是举手之劳，是教师用心的“涂鸦”。除此之外，李金栓老师每隔一段时间就发奖品，只要有进步，无论是作业还是小测、考试，他都给奖品。由于发奖范围很宽，在每次发奖品的时候，所有的孩子统统有奖，最小的奖品是一张贴画，最大的奖品是教师亲笔写有鼓励话语的一个漂亮作业本。

这种做法，使原来拿“差”的学生带回家去的作业本也有良好的成绩。学生们都变得欢天喜地，不再被“单打”或者“混合双打”，甚至成了“别人家的孩子”！家长们更是高兴得不得了，开始认可那些原来被视为“顽劣的熊孩子”的学生，甚至开始奖励他们。

从此，好像被施了开心魔法一样，孩子们又有了甜美的笑容和天真、单纯的气色，红扑扑的小脸上绽放着健康光亮的神采。特别是每次颁奖的时候，小六（2）班的教室就像节日聚会一样，所有的学生全部改头换面，成为充满自信、乐观向上、笑容灿烂的孩子。

李老师说："不管是什么样的孩子，爱永远是最好的教育，而表达爱最好的方式是经常发自内心地奖励与赞赏。"

听完李老师的话，我心里感触很深：对学习而言，兴趣是最好的老师。真心的、反复多次的赞扬、奖励是培养兴趣最好的方式。

我们大多数人，经历人生挫折、磨难后，往往会变得冷漠、苛刻，在内心形成很多所谓的"标准"，并以这些"标准"来评价、要求别人。教师们还要日复一日地面对因知识重复而形成的职业倦怠，以及来自家长、单位、社会等各方面的压力，继而产生难以避免的"爱迟钝""爱力减"。

用这些标准来衡量身心成熟的大人，大人都感到难以接受，无法承担负荷，更何况是对未成年的孩子？更何况是对青春期躁动、叛逆的中学生？

我们教师应该反过来想自己的初心。记得我的女儿刚出生的时候，痛得快要昏死过去的我，第一反应是内心默默祈祷："给我一个身体健康、全须全尾的孩子就好了。"等到护士把孩子抱给我看时，我紧张得几乎窒息。她先把正面给我看时，说："你看看，眼睛、鼻子、嘴巴、耳朵、手脚都有了。"然后，她把孩子转过来给我看背面，说："屁股、后背都有，一切正常。"当时，我充满了感恩之心：我是多么幸运，生了一个四肢健全、身体健康的女儿。

我想，大多数的父母都有过我这样的经历吧。这就是我们对孩子的"初心"：拥有一个四肢健全、身体健康的宝宝，足矣。

可惜的是，等孩子长大了，功课不如人，我们就在心里对孩子生起嫌厌的心，升起焦虑之念。以"都是为了你好，为了你将来有出息"为由，甚至单纯为了实现自己未曾实现的理想，或者为了那句"不能让孩子输在起跑线上"，我们沦为"虎妈""虎爸"。

如果未能像自己期待的那样进入名校、"清北班"，孩子进入的是普通学校、普通班，我们就感到失望，丧失了对孩子最初的爱，彼此怨恨，"代沟"无法逾越，甚至反目成仇。近年来，学习障碍、心理有问题的学生逐年增加，甚至因厌学而自杀的令人痛心疾首、扼腕叹息、追悔莫及的事例屡屡发生。

等到孩子考不上大学，或者上的大学不好难就业、游手好闲的时候，我们简直到了深恶痛绝的地步，恨不得孩子在我们眼前消失……

到了此时，我们早就失去了孩子刚出生时那种欢喜的单纯"初心"了。

其实，孩子对人生充满欢喜与热望，有善良的心，那么即便成绩差一点，读了普通班，上大学后目前没有好工作又有什么关系呢？

况且，反观我们自己，我们也并不是想象中的那么杰出、那样有成就！

我们是孩子的镜子，孩子是我们镜中的影像。我们互为镜子，互为表里。

我记起林清玄先生散文里记载的磐山禅师的故事：

磐山久修不悟，非常烦恼。有一天独自走在街头，他看到一个人在肉摊前买猪肉，对肉摊老板说："给我切一斤上好的肉。"

肉摊老板听了，两手交叉在胸前说："请问，哪一块不是上好的肉呢？"

磐山禅师听了，当场大悟。

我们的孩子，哪一个不是"上好"的孩子呢？

真正从孩子身上看见生命至真至美的家长们会发现：孩子，是上天赐给我们的最好的礼物，是降落到人间的天使。孩子不是属于我们的，他们是独立的生命个体，自己主宰生命，完成上天赋予的不可复制的人生使命。

我们家长要做的：呵护、陪伴、放手。

曾经有一个大学同学打电话向我倾诉苦恼，她的儿子考试总是全年级最后一名。我说："每一个学校都有最后一名，如果不是我们的孩子，就是别人的孩子。""但是，我儿子将来考不上大学，找不着工作，找不到媳妇该怎么办呢？""我倒是觉得现在的你，可以高枕无忧了。因为你再也不用担心你儿子的成绩会往下滑了，从今以后，他只可能保持稳定或者变得更好。你只需对孩子说两句话：1. 没有心到不了的地方，Anything is possible；2. 你努力成为更好的自己的样子，好美！"

孩子如此，我们的人生亦如此。

遇到最坏的情况，我们应该彻底放松心态，因为"再也不会比这更坏了，未来只会更好"。

七八岁的时候，我养过几只毛毛虫。我的小伙伴们看到蠕动着的毛毛虫都会惊叫着跑开，说它们太丑了。我不这样认为，因为老爸告诉我毛毛虫是美丽蝴蝶的幼虫，所以我每天去村里的小树林里采嫩叶来喂食它们，像对待自己的宠物狗狗阿黄一样。我后来发现，样子最丑的毛毛虫会破茧成最美丽的七彩斑斓蝶。

曾记得，我用小手把一只只蝴蝶从箱中放走的那一刻，仿佛看见一朵朵美丽的花儿飘向空中，空气中到处散发着生命纯美的香味……

第八篇　南怀瑾：小学毕业考倒数第一，只拿到了肄业证，最终却逆袭成功人生！

他在幼年时，接受的是传统的启蒙教育，熟读四书五经与诸子百家的典籍。然而，在他就读乐清第一小学时，在小升初毕业考试中，他倒数第一，只拿到了肄业证书。

屋漏偏逢连夜雨，又恰逢他家被海盗洗劫一空，他家实在无法负担他上中学的学费，父亲想让他退学，学一门手艺，好养家糊口。然而，面对父亲的要求，不过 13 岁的他目光坚毅地说："当读书致学，以兴国学。"

这样一个超级"学渣"，竟然从此开启了传奇的一生。17 岁时，他前往浙江国术馆学习武术，每天早晨 4 点多，就跑到西湖边练拳习剑。在这里，他取得了"最优秀"的成绩，深受教师们的喜爱。同时，他还开始研究道家与佛家典籍，对传统文化有了全面的了解，并开启了探索之旅。

最贫穷的日子，他的家里穷到连张书桌都没有。凭借记忆，他写出了《禅海蠡测》一书，书籍封底，被他印上这样一句话："为保卫民族文化而战！"

然而，他的这本书出版后，一本都没卖出去。他的才华无人欣赏，辛苦创作的书籍无人问津，他过着相当艰苦的生活。他说："我就是什么有利于国家，我就做什么。国家强大了，我们做人民的才会有尊严。"

央视曾在他的人生纪录片里，借用这样一句话来形容他："上下五千年，纵横十万里，经纶三大教，出入百家言，先生南怀瑾。"

他的名声逐渐传播开来，名动华夏。

2006 年，南怀瑾大师以 88 岁高龄，正式回到我国大陆，在江苏吴江开办了太湖大学堂。他说："忘掉身体，忘掉自己，是最好的养生。我就像一棵老树，现在剩我这个老根，趁我这个老根还活着还在的时候，你们要发芽。你们不发芽，当我不在了，也许这个事就断了。"为了中国文化的传承，南怀瑾抱着"拼命"的决心；为了传播中国文化，南怀瑾的付出令"鬼神动容"。

与父母分离，忽略妻儿，忘记高龄，他晚年不停地在各地奔波讲学。临别前，他不忘嘱咐弟子："我现在最担心的就是中国的传统文化会断，以后就靠你们了。"

2012年9月29日清晨，南怀瑾，这位受海内外敬仰的国学大师、著名的教育大家，永远闭上了眼睛，享年95岁。

南怀瑾大师，用一生书写了独一无二的传奇，从小升初毕不了业的倒数第一，饱读诗书，启迪智慧，涵养品德，最终逆袭成功，成为文武全才，成为中国著名学者、诗人、武术家和教育家。

南怀瑾有深厚的学术造诣和对中国传统文化的深刻理解，他的一生成就斐然。他出版了《论语别裁》《孟子旁通》《原本大学微言》《易经杂说》等多部学术作品，它们被译成了多种语言，在世界范围内都产生了广泛影响。

南怀瑾曾任教于多家知名大学和文化机构，弟子遍天下，真正做到了"桃李满天下"，并在国内外致力于推广中国传统文化，成立了多个教育和文化基金会。他被世人尊称为"南老师"，深受四海各个阶层人士的喜爱与尊敬。

他秉承祖先智慧，传播华夏文明，涵养诗书之气，修缮文明之身，弘扬了中华传统文化，营造了学习国学经典的浓厚氛围，培养弟子们对国学经典的浓厚兴趣，潜移默化地以修己之身养他人之真性情。他穷尽一生，使无数国人沉浸于浩瀚的中华文化之中。

"佛为心，道为骨，儒为表，大度看世界。"南怀瑾老师言行合一，知行合一，用毕生的言行践行着一个国学大师的高风亮节，诠释了一颗至诚的爱国赤子之心。

我，一个高中英语教师，因为读懂了南老师而热血沸腾，从此更加酷爱国学，更加热爱教育，更加热爱自己的祖国。受南老师的启发，为了国家民族的前途，我开始明白：研究教育、经济、政治问题，要多读历史。我痛下决心，鉴古观今，博览中外历史著作，了解云平台、大数据背景下的未来时代大趋势。我开始觉悟个人事业的成功和失败，亦要以史为镜，不故步自封，更不能好大喜功，目空一切，因为距离南老师尚有十万八千里之遥。我愿倾尽余生所有流年，填补漏洞，追随他的足迹，哪怕只学到他冰山一角，也觉得无比荣耀与欣喜，也感觉人间值得，此生无憾！

第九篇　无法复制的人生，最重要的是什么？

当我们做自己真正想做的事情时，别人的褒贬不重要。对我们来说，事情不存在高低贵贱，凡是发自内心、不危害他人和社会，而且能让自己更热爱生活的事情，都值得做，都该大胆做。

我们靠自己的双手和本事吃饭，教师用纯净的心教学，利人、利已、利社会，不必去经营自己不擅长的人际关系，心无旁骛，用工匠精神一生只做一件事，做“专”它，做“精”它。

活在别人的嘴里，是件愚蠢又可笑的事！为了周围人所谓的认同、好感，为了博得他人的喜好去做事，这样费力不讨好的时候多，而且如果别人不承认，完全是做了无用功。为自己的初心、良心、才能、爱好做的事，即使得不到任何人的承认，对我们来说，也毫发无伤、丝毫无损，我们还活出了丰满的自我，健康而真实，真实且快乐，快乐且有成就感。

我从来不把成功看作有意义人生的唯一尺度，觉得只要没有虚度人生，活出最好的自我，对社会有益，或者对他人无害，就很好了。毛姆在《月亮和六便士》中说：“我用尽了全力，过着平凡的一生。”

我们走到最后，会发现自己生而平凡，但依旧努力地过着平凡的一生。从前，崇高的梦想有时刚刚发芽，不一会儿就灰飞烟灭了。

路遥在《平凡的世界》中说：“只要有人的地方，世界就不会是冰冷的！我们可以平凡，但绝对不可以平庸！”

寒来暑往，花谢花飞，草木枯荣，生生不息。我们也许生而渺小，在宇宙中犹如一粒尘埃，但是我们依旧可以笑看“落霞与孤鹜齐飞，秋水共长天一色”，把日子过得风生水起。

对个性和内在精神价值看重，对外在功利看轻，轻装上阵，我们反而更容易出效率和创新，会收获很多不经意的成就。

一个人在衡量任何事物时，看重的是它们的意义、价值，而不是它们能给自己带来多少实际利益。这样的一种生活态度，这样的真性情，能让我们身心安顿，活得很开心。

我们人生中的一切美好，都不是刻意获得的，最美的爱情是突然莅临的陶醉和美好，而不是有朝一日非得缔结良缘。工匠精神是做事时的全身心投入和满足，而不是有朝一日名扬天下。

如果一件事情本身不能给人以陶醉和满足感，它就配不上被称为美好。真正的美好是最难获得的，为了它，我们要舍弃许多东西：名誉、社会地位、物质欲。真正的美好也是最易得的，只要我们愿意，只要保有纯粹心和热爱，就能轻易得到和享有，无论是在宇宙里，还是在人世间。

跋涉人生多年，看多了世故，却不世故，依然童心满满；功成名就，却依然有一颗平常心，不骄不躁，这就是与生活和解、与自己和解、与世界和解的完美和谐乐章。

我不愿用阿谀谄媚的笑、卑躬屈膝的腰，换取认可和提拔，因为“舔狗”的样子让我不快乐；我不愿戴着面具追名逐利，博得身前身后名，因为我要的是内在的充实与安宁。

每个人真正地长大是泰山崩于前却泰然处之，无论什么样的暴风雨袭来，都闲庭信步、心平气和，都能婉转自洽，都能保有对生活的热爱。自洽的年龄，是诸多想法开始成熟的年龄，是“拧巴”与纠结缠绕后开始舒展的年龄。

从步入工作正轨到几年后的业务热情走低，生活杂事陡增，有上有老下有小的双重重压，有生活中的满地鸡毛，哪里还有什么诗与远方？

然而，人有一种宝贵的本能，即向内求的感知力。内求让我们发现希望，发现生机，看见方向，在人生大事上做出如苏东坡般机智的选择：莫听穿林打叶声，何妨吟啸且徐行。竹杖芒鞋轻胜马，谁怕？一蓑烟雨任平生！

无法复制的人生，我们来过，爱过，洒脱过，勇敢过，认真过，大笑过，就是最好的。万物可爱，阳光温暖，身心安宁，此生值得。

第十篇　教育是一场你情我愿的双向奔赴

教育教学中，有一种累，叫心累，因为学生压根儿不配合；有一种无奈，叫教师一厢情愿；有一种无用功，叫单向奔赴。

有的学生违纪后，不仅毫无悔改，还口出狂言："我爸是某某局局长，你能拿我怎么样？你只能吓唬我，我再怎么捣乱、怎么违纪你都不敢开除我，也开除不了我！"这种"关系户"学生，班班有，届届有，校校有，班主任成了"夹心饼干"：学校领导得罪不得，班级管理的公平、公正维持不得，肆无忌惮的学生时不时兴风作浪，科任教师们抱怨不断，班集体被连连扣分，班主任在群里被反复点名批评。

我们的教师，想要教育的净土，在上面悉心播种、施肥、浇水，育出笔直生长的小树，真是太难了，难于上青天。

懂事的学生个个相似，捣蛋的孩子个个不同。

那些孩子上课连本都没有，笔都懒得拿，迫不得已拿出来却只是为了炫一下转笔的技巧。听课？开什么玩笑，思维就没上过线，或是时时掉线，有的压根儿就没开机，人在课堂心在外，元神出逃难召回：迷茫的眼神，呆呆的神色，莫名其妙的表情包，甚至在走神的路上那样肆无忌惮。他全身没骨头似的瘫在椅子上，45°仰望天花板傻笑，课后作业不做，笔记没有，复习谈不上，预习是空谈，小考靠胡蒙，大考靠运气，青春是用来作妖的，他们张扬着与全世界对抗的嚣张：你能拿我怎么样？

教师管过，管不动，管不了。话说轻了，当耳旁风，话说重了，学生动辄闹情绪玩跳楼，家长还推波助澜搞投诉。教师管也不是，不管也不是，进退两难，身心俱疲，每天只能忍气吞声，在煎熬中行走，踉踉跄跄，悲悲壮壮。

再优秀的教师，叫不醒一个嗜睡如命的"特困生"，点不醒跌入地狱的灵魂，也教不好一个拒绝学的娃！永远都不可能！况且，每一个不想学、不愿学的孩子背后，都必然站着拒绝配合的家长。

教育之难，难于上青天！

学习这件事，怎能是教师逼着孩子学，孩子就能学好的呢？“强扭的瓜不甜”，强塞的知识无效！

北京四中校长刘长铭说过：“凡是家长不与学校配合的，结果都是悲剧。”所有尖子生的父母，都很支持教师的教育，而成绩差的父母，总是对学校和教师各种指责与为难。当孩子不愿学时，当孩子顽皮捣蛋时，当孩子顶撞教师时，家长总在后面撑腰；当孩子成绩退步了，当孩子惹是生非了，当孩子摔伤或擦伤了，家长却冲出来大声问责：“你是怎么当老师的？”

每一个“问题生”的背后，都有一个有问题的家庭，都是“问题”家长在作祟。

美国密苏里大学一项研究发现：教师对父母参与度的评价，可以准确预测学生的学业和社会成就。只有学生的父母是积极配合的，孩子才会有更好的学业成绩。

家长与教师，学生与教师，社会与教师，始终是教育事业的“最佳合伙人”。家庭教育、学校教育、社会教育，是教育利益共同体！

苏联著名教育家苏霍姆林斯基强调：“生活向学校提出的任务是如此的复杂，以致如果没有整个社会，首先是家庭的高度的教育学素养，那么不管教师付出多大的努力，都收不到完满的效果。”

教育不是由谁说了算的事情，只有教师肯教，学生肯学，家长肯配合，社会肯认同，各司其职，才能合力同行，共育良才。

教育是一场你情我愿的双向奔赴之旅：教师与学生奔赴知识，教师与家长奔赴育人，社会与教师奔赴使命，我们的教育才能和谐，才能走上优质教育的康庄大道，才能使中国教育屹立于世界之巅！

第十一篇　享受孤独，是强者的专属

人类对孤独的感受，存在着巨大的隐忧。

打开微信界面，映入眼帘的是黑夜背景下，硕大的地球上孤孤单单的一个背影，这暗示和提醒着每一个用户：我们每个人都是孤独的，需要用一样东西将彼此连接。

2023年腾讯最新数据显示，微信月活跃用户数高达12.1亿。

当今社会，人们是如此害怕孤独。

庄子说：独往独来，是谓独有。独有之人，是谓至贵。至尊至贵之人，上人者，皆独步人间；百兽之王者，是狮子或老虎独步山野。

享受孤独，是强者的专属，是只属于强者的行为模式。反之，越弱小的人，越喜欢抱团取暖，喜欢扎堆凑热闹。

耐得住寂寞，受得了孤独，你才能真正变得强大，处事不惊，超凡脱俗，看破世事，淡定从容。正所谓：卧久者，行必远，伏久者，飞必高，先开者，谢必早。

在孤独的旷野中独自奔跑得越久的人，越能在喧嚣的人世中随心所欲，越能处理逆境如探囊取物一般，越能忍常人之不能忍，胜他人所不能胜。对他们来说，磨难、打击、困苦都只是小菜一碟而已。

世间最难战胜的敌人不是别人，而是自己，世间最难跨越的鸿沟是内心的“画地为牢”。古人云：“庄生晓梦迷蝴蝶，望帝春心托杜鹃。”这勾勒的是如诗般自洽的美好。著名作家周国平说：“一个平庸的灵魂，苍白而贫瘠，没有任何值得别人理解的内涵，这样的人谈不上孤独。”

所以，真正孤独的人凤毛麟角。真正安享孤独的人，要么如梵高、苏格拉底或者庄子，要么成了毛泽东那样至伟的人物，抑或成了弘一法师、南怀瑾那样得道的高僧。

真正的孤独，一定是纯粹精神的，一定是完全摆脱了物欲的。

我的目光巡视四海，穿越古今，跨越中外，发现物质奴隶比比皆是，精神贵族寥寥可数。我看见孤独的尼采，他讲出旷世箴言：谁终将声震人间，必长久深自缄默。

成大事者，必长积淀，耐得住“门前冷落鞍马稀”的寂寞，才配得上“花开时节动京城”的繁华。

孤独是人类面对浩瀚的宇宙时感到自身渺若尘埃时的卑微感，是行走于世间，不得不和周围人以及自己说再见的悲悯与恐惧，是一生谈过的唯一一场轰轰烈烈的恋爱，仅仅是“自己爱自己”，居然连个情敌都没有。

诗人往往是洒脱而孤独的。我在冥想中穿越，去寻找答案。

李白说：孤独，是茫茫人海中，竟然找不到一个人喝酒，只能“举杯邀明月，对影成三人”。唐朝诗人王维说：孤独是一个人的清欢，“独坐幽篁里，弹琴复长啸”。

无论古今还是世界的维度里，人们都在思索孤独，诠释孤独，领悟孤独。

马尔克斯的《百年孤独》告诉我们，人生就是这样的孤独寂寞之旅：“无论走到哪里，我们都应该记住，过去都是假的，回忆是一条没有尽头的路，一切以往的春天都不复存在，就连那最坚韧而又狂乱的爱情归根结底也不过是一种转瞬即逝的现实。”

生命中的灿烂和辉煌都是暂时的，最终我们都需要用寂寞来偿还。

不断抗争、妥协、遗忘，而当孤独降临时，我们才能真正地审视自己、跨越自己、忘记自己！

菩提本无树，明镜亦非台。本来无一物，何处惹尘埃？

既然人生而孤独，我们注定孤独一生，那就放下所有，学会珍惜每一个孤独的瞬间，让心灵在它的缝隙中开出一朵朵美丽的白莲花。

第十二篇　无条件的爱与陪伴居然使两岁多比熊宝宝能听懂两种语言！

凯撒，是古罗马凯撒大帝的名字，正因如此，“凯撒”这个词也成了皇帝的代名词。

凯撒，一只两岁多的比熊宝宝，也是我家的“皇帝”，享受着所有家人的宠爱，可谓“万千宠爱于一身”，它与林徽因的猫咪一样，是爱的焦点。浑身雪白的小凯撒，被小区里的一群小女孩儿昵称为云朵二号，经常被认识和不认识的路人停下脚步摸一摸它毛茸茸的小脑袋，是被高频夸赞为颜值高的小帅哥儿一枚。

每天至少3次，陪颜值担当凯撒大帝散步是我最开心的时光。

培根有言：“散步利胃。”我胃口不大好，所以陪凯撒散步是件双赢的美事。我国古代，六朝人所谓“风神萧散，望之如神仙中人”，是散步时神清气爽，如神仙般道骨仙风的写照，这也是我和凯撒散步时努力成为的样子。

原本可以在不上早课时睡美容觉的我，无法拒绝凯撒那渴求的小眼神和不停地亲舔，遂爱心大起，责无旁贷地赶走睡神，毅然决然地清晨5点多起来伺候它穿上干净漂亮的衣服，如李白那般潇洒地“仰天大笑出门去”。兽医说凯撒天生髌骨发育不全，容易腿疼，所以它上、下楼都是要抱着的。腰椎间盘突出的我，抱着它，却甘之如饴，忘记了疼痛。

每天每次至少半小时的外出时间对狗狗来说是最好的，既能锻炼，也能晒太阳，还能愉悦身心，消耗掉多余的精力，减少拆家行为。凯撒自不足3个月大入住到家里来，从未拆过家，充其量咬坏过一只pet dog玩具。里面的棉絮跑了出来，一团团地在地板上滚动，把小凯撒吓坏了，从此任何玩具没被它拆开过。

日子长了，我发现，我善待的不只是凯撒的衣服、饮水、粮食或其他东西，我善待的是挚爱的“朋友”、亲爱的家庭成员、我的宝贝“儿子”。我的凯撒只需干净的温水，几把干粮，饭桌上一点无糖无盐的肉，一小碟米饭或几口馒头，它就会很开心、知足，就能让全家人快乐。它总是为我们的陪伴雀跃，快乐得像个跳跃的音符，顽皮黏人，奔跑如风。

于我，于家人，凯撒是我们的家庭成员，毫无争议！它在某些方面记性很好！暑假时的一天夜晚将近10点，我心血来潮带它下楼玩了一会儿，它就记住了，以后每天晚上到了这个时间点，它就跑过去提醒家人该出去玩了，不理它不行，拼命舔你，或者坐在你面前，用小眼神祈求你，或者坐在门口张望或者干脆大声抗议。每次，我都在第一时间跑过去应答它的需求。毕竟，它的要求很简单，只是穿上衣服，走出去，陪着它玩一会儿而已。

散步的去处不一定要限定在小区，也可以是热闹的街道、风景宜人的艺术大道，或者可以带宠物的野营公园，这些地方都有各自的乐趣，一切只要随心随意。我喜欢清晨5点半从小区北门出去，沿着广阳道，走到银河北路，顺着马路一直向北走，走到远洋华庭售楼处，那里的草坪柔软，有小巧的桥，有形状别致的建筑，墙上字体俊逸地写着：生活本身就是最美的童话故事。

我喜欢看这样的文字，入心入肺，让人通透。前往这“最美的童话”，往返需要5千米，我们两个总是乐此不疲，天天如此。

朝露未干时，地上有蚯蚓、大蜗牛，在路边蠕动，没有人伤害它们，在这时候这些小小的生物可以和我们和平共处。我也常见有被碾毙的虫子在路上，令人触目惊心，想到生死无常。我一路上会碰到好多遛狗的人，他们都是面目和善的。每当我说：“凯撒，看，那边有小狗狗。”凯撒立马四处张望，一看到就急吼吼奔赴双向心悦的“约会”，互相嗅闻，或者彼此拥抱，有时也怒目相向。有时，也从窄窄的巷弄里面穿行，无意中听到人家狗狗的喁喁絮语，凯撒就回应几声，想到网上说的，宠物也是会“骂街”的，让我忍俊不禁。

元稹诗“行药步墙阴”，陆龟蒙诗“更拟结茅临水次，偶因行药到村前”。所谓的行药，就是服药后的散步。我是“行饭”，就是饭后的散步。

散步时的凯撒，撒欢地奔跑，好像不需要伴侣，东望西望不要人管，快步、慢步任由它选，我被它的情绪感染，也就任它释放它的孩子气。这不但是自由，而且只有在这种时候才特别容易领略到“前不见金毛，后不见萨摩”的那种独乐。

天覆地载，孑然一身。事实上，街道上也不是绝对的阒无一人，伴狗而行的不止我一个，而且很熟的面孔准时准地地出现，还有上大学的小姐姐们，化着精致的妆，老远就送来欢笑声和体香。

天长日久，那条街上的面孔都熟了，彼此都叫得出对方宠物的名字。在广阳道长长的街道旁，清早出门，一路上碰到打扫街道的清洁工总要对我们搭讪一两句话，夸赞凯撒如何洁白漂亮。要是遇到陌生的狗狗和主人，我们也都要彼此打招呼，开心地看着狗儿们一起玩耍，相逢何必曾相识，它们没有扭捏与人类的顾忌。它们不嫌多事，一只喊叫，另外的都跟着起哄。

黎明像是被它们集体喊醒的。

太阳一出，把人影和狗影拉得好长，若是夏天，很快就热起来，这时候就该赶紧往回走，再晚一点就看到卖麻辣烫的捧出红泥小火炉在路边呼呼地扇起来，弄得烟气腾腾。尤其是，风驰电掣的外卖员骑着电车像是猛虎出山一般地露面了，行人总以回避为宜，吓得我总是紧紧拉住凯撒的绳子，不敢有半点松懈。所以，上班族的人陪萌宠散步一定要在城市酣睡的清晨。

有一次早上出门遛凯撒，它跑了，我追了好长时间也没追上，转眼间竟没了影踪。我快急疯了，感觉心里空落落的痛……这时手机响了，女儿说："凯撒自己回来了，你在哪儿呢?"我如释重负，释然一笑："是我把自己弄丢了……"

白居易说："晚来天气好，散步中门前。"白居易住的地方是伊阙，是香山，但我住的地方是廊坊，是大北京的南花园，而且有凯撒大帝陪伴，我的心情永远如香山红叶那样灿烂美丽!

不养狗不知养狗的乐!

自从遇见它，我的小凯撒，我就彻底沦陷了，沦陷在爱它的旋涡里无法自拔：我给了它至高无上的权利，任它在我的世界里撒野，宠它宠上天。每一次我们短暂别离后重逢，它都用最高礼遇迎接我，任笑容大大地绽放在它的小脸上，伸出湿热的长舌如雨点般亲吻我的手、脸、额头，甚至嘴唇。

凯撒，在所有的狗狗中，种类智商排名24，然而，对它无条件的爱与陪伴，却让它变得冰雪聪明起来，能听得懂所有小伙伴的名字，能分得清家里所有的人物关系，能听得懂好几个英文单词：go，sit，jump，run，run faster，good boy，还记得住自己的玩具一个叫小兰，一个叫小象，另一只叫 tiger（老虎），会把它们咬出各种好听的音调，会把它们主动叼过来和我玩"扔、扑、找回"的游戏，会在我练瑜伽时乖乖守在旁边当文明"吃瓜群众"，还会非常嫉妒那个叫"艾丽萨"的芭比娃娃，不允许我摸她，哪怕说她的英文名字都让它狂吠抗议。

我愿教，它善学，我乐教，它乐学，我们配合默契，几近完美，让我体会到巨大的"跨界"教育的成就感!

我固执地认为，所有的狗狗，无论边牧、金毛、二哈，还是雪纳瑞、西施犬，抑或是博美、泰迪、土狗，都是上天派到人间的天使。它们是这样忠诚、愉快、讨喜、机灵、黏人。它们有时像极了需要被照顾和带领的幼童，有时它们是带给人类启发和感知的镜子。

一只狗所带来的纯粹的温暖和安全感，是与混沌、冷漠的成人世界截然相反的，我因此对凯撒总有一颗感激之心。

我的小可爱，我的小凯撒，我们击掌3下，彼此郑重承诺：如果有来世，我们依然在一起，永远不离不弃！我不嫌弃你腿短，你不厌倦我的“讨厌”：怕你冻着，把你的4只小脚丫都穿上暖和的小棉鞋，还给你穿上带有帽子的加绒大衣，怕路上行人看不见你，晚上给你戴上荧光套和小铃铛……凯撒，我的“儿子”，你像所有受宠的生物那样顽皮得有恃无恐，自由自在，尊严得像个国王，快乐得像个王子，越界得像个人类！

第十三篇　名校和学历，虽然不能完全代表一个人的能力，但决定了你能不能敲开工作那扇大门！

在百度上查询 offer 这个词，我意外刷到了黄晓明当嘉宾的职场节目《令人心动的 offer》，它展现律政行业风貌，呈现了多位来自不同家庭环境、学历背景的法学院学生步入社会后，在深圳这座充满奇迹的城市打拼的经历。

其中有这样一个男生，他叫黄凯，出生农村，父母离婚后各自成家，他被当成累赘，遭到父母的嫌弃。他所在的地方教育很落后，家里很穷，可是他的心很富有。黄凯周围的孩子纷纷辍学打工了，他却选择继续读书。最终，他成了村子里第一个本科生，学的是安稳、体面的医学专业，毕业后在医院工作。

可是，他不喜欢医学，他的梦想是律师。他又花了整整 5 年的时间努力学习，考上了清华大学的法硕研究生。

为什么非要考研？为什么非要考清华的研？

几十年前，大学生或许还是“稀有物种”，可现在，研究生在不断扩招，大学生早已不是当年的天之骄子了。真正投过简历、找过工作的人或许就会明白：招聘，就是最冷酷的筛选。现实就是学历上差一截，竞争就会落后一段。

考研的竞争太激烈了，录取率只有 20%，可职场上的竞争比它还残酷。考研虽然不是每个人的必经之路，但它一定是普通人最有用的成长阶梯。

聪明人都选择吃学习的苦，是为了在进入社会之前，给自己更高的起点、更好的机会、更多的可能。考研虽然不是每个人的必经之路，但它一定是普通人最有用的成长阶梯。

我想，如果黄凯当初早早辍学，或许还在四处打工。倘若他没有持之以恒地拼命努力，他就无法获得清华大学的学历，又如何能抢到顶尖律所的实习机会呢？

经济学家薛兆丰说：“每一个人，每一个时刻，都是在为自己的简历打工。”工作不仅仅是为了那份薪水，更重要的是可以借助这个平台磨砺增值自己，让自己拥有更好的人生。

大卫·舒尔茨在《大思想的神奇》一书中提出：“决定成功的因素中，体力、智力、精力、教育都在其次，最重要的是你的思维模式。”思维支配行动，行动决定结果。一个人拥有什么样的思维，就拥有什么样的命运。

知识改变命运，思维决定命运！你上学时吃过的苦、受过的累，都会在未来成为你脱离苦海的资本。这是赤裸裸的事实，是很多头脑清醒的人的超前预知！

山东曲阜师范大学被称为“大学版毛坦厂”，这里的学生比高三的考生还要努力，努力到感动自己，努力到无能为力，努力到“惊艳”全中国：在曲阜师范大学的走廊、楼梯上，到处都堆满了考研者成箱成箱的资料。他们每天早上5点就起床，一直学到凌晨才回去休息。为了提神，为了安静，为了有光亮，在寒冷的冬夜他们组团在路灯下看书，他们裹着毯子静坐在楼梯间学习。

凡是有光的地方，就有人在读书。

曲阜师范大学的考研率高达80%，上岸比例比全国平均录取率27%高出许多，一直位于前列。

《人民日报》曾发过的一篇文章，名为“沉睡中的大学生：你不失业，天理难容！”。许多大学生的真实写照是这样的：课上，发呆、睡觉、玩手机；课下，吃零食、刷剧、玩游戏。

很多中学生，天真烂漫地嚷着“读书无用”，肆意地浪费着不可再来的大好青春年华！

当大多数人都在浑水摸鱼时，有太多原本想要努力的人为了合群被同化。

然而，总有智者努力到刺眼，衬得大家的人生十分颓废。

山东“95后”医学博士何世豪，他一路从专科院校考上泰山医学院的本科，再到首都医科大学的硕士、博士后，成功逆袭成了美国斯坦福大学神经外科的访问学者。

北京天坛医院神经外科主任是他的导师，他顺利进入北京，进入全国著名的天坛医院工作。

这位“95后”小伙，高中倒数第一名，在上大学后却一路挺进斯坦福，被网友戏称为“专升天”，他谱写了属于自己的人生的传奇！

名校和学历，虽然不能完全代表一个人的能力，但决定了你能不能敲开工作那扇门。

第十四篇　一片叶的使命

宇宙的本质是随机的，是一个浩瀚的生命，我们只是它多维空间里风吹草动的气息。江河入海，我们是巨大生命中渺小的一滴；叶落归根，我们是巨大生命中微不足道的一叶。

在宇宙这个巨大生命中，我们卑微若尘，渺小而孤独，但这一滴一叶的活动生长，却契合着整个宇宙的运行规律，生生不息，代代相承。

“人生代代无穷已，江月年年望相似。”这是唐代诗人张若虚的七言古诗，表现了一种迥绝的宇宙意识，创造了一个深沉、寥廓、宁静的艺术境界，道出了生命的自然规律。

生命像什么？

李白说：“古来万事东流水。”生命像极了东流的一江水，从生命最高处发源，冰雪是它的前身。它聚起诸多的细流，合成一股澎湃的洪涛，向下奔流，曲折地冲过了悬崖峭壁，冲刷着沙石积土，挟卷了滚滚的黄沙，勇毅地流着，它一路上默默独享着所遭遇的一切。

它善独，懂得“欲将心事付瑶琴，知音少，弦断有谁听？”的孤寂。终于有一天，初冬的朔风，抖落满地的黄叶枯枝。它，普通的一叶，已凋零，无力地在空中旋舞，大地母亲温柔慷慨地伸出手臂来拥抱它。它一声不响地落在她的怀里。它飘落了，归化了，在树根下栖息，说不上快乐，也没有悲哀，只是从容地顺应四季轮回的道场，然而并非每一条河流皆能入海。生命在于运动，不流动的那些便成了安静的“死去”的湖，并非每一片叶都能幻化成种，发芽破土，不生长的便化作了黄土！

生命中快乐和痛苦结伴而行，犹如水经过不同的道路，叶也要经过常变的四时。

也许有那么一世，它再从地下的种仁中，破裂了出来，穿过草丛的密遮，长成了一棵树，抑或幸运地长成了一树花，来听百灵鸟动听的歌唱，然而我不敢信有来生，也不敢说有来生！

这一世正如橙翼演唱的《春庭雪》:“这一世，太漫长，却止步咫尺天涯间。谁仍记，那梨花若雪时节，我心匪石不可转。”

这一世，如仓央嘉措那般，为了遇见苍生，我在前世，早已留有余地；这一世，我绿上过枝头却最终拥抱尘埃，不为其他，只为我的使命；这一世，我随风而舞，不为惊艳别人的眼眸，只为不虚此生，只为自爱、自尊、坚守自我，傲岸无双。

这一世，我只留下我的影迹，不为长生，只为心中的那片水云间。

第十五篇　一个天大的教育误区：智商是“硬伤”！其实，学商才是

年龄较大的人，存在一个共性的认知错误：坚信龙生龙凤生凤，老鼠的孩子会打洞。他们固执地认为智商遗传因素是决定孩子未来发展的唯一因素，而事实却并非如此。

我国青少年人群智商统计的研究报告显示：智商低于 90 或高于 130 的学生，仅占所有学生的 2%。按照这个比例，在一个 40 人的班级里很难找出一个智商过低或过高的学生，也就是说，在非特殊教育的学校中，每个班孩子的智商水平大致是相同的。

智商对孩子各个不同学段会产生怎样的影响呢?

根据最新科学数据，在小学阶段，智商与学习成绩的相关系数为 0.6~0.7；初中和高中阶段，这一相关系数降为 0.5。

也就是说，在小学，孩子成绩拔尖可能是靠智商，而初中、高中的学霸之所以是成绩的天花板，这和智商仅仅只有半毛钱的关系而已！

这颠覆了家长们的认知，需要家长们摒弃旧有观念，更新认知纠正“孩子成绩不好就脑子笨”的错误想法，树立正确的评判标准。

那么，影响孩子学习成绩的真正核心要素是什么?

毋庸置疑，是学商。

“学商”是个时髦的新词语，是学习力、智商、逆商和情商的结合。

智商高与学习力并非成正比。孩子来自遗传的高智商，如果不与学习态度端正相结合，照样极大可能成为“泯然众人矣”的现实版“伤仲永”，甚至沦为满足于“多巴胺”的学渣；反之，智商平平的孩子，如果学习态度端正，目标明确，沉迷于“内啡肽”的自律中，则可能升级为学霸。

那么，什么是学习力?

从孩子的角度讲，它是学习的动力、毅力和能力的综合体，是把知识资源

转化为知识资本的能力。

组织学习力是组织创新能力的集中体现，能直接转化为创新成果。个人的学习力包含多方面：一是知识总量，即个人学习内容的宽广程度和组织与个人的开放程度；二是知识质量，即学习者的综合素质、学习效率和学习品质；三是学习流量，即学习的速度及吸纳和扩充知识的能力。人们更看重的是个人的知识增量，即学习成果的创新程度以及学习者把知识转化为价值的程度。

“工欲善其事，必先利其器。”学习力的强弱，决定着孩子是否成为学霸的刚需，是掌握高效学习方法的内核。

学习是每个人一生的事。

学习力是每个人一生努力描画的持续走高线。

在这个走高的过程中，逆商的作用大到无法估量。

何为“逆商”?

逆商，全称为逆境商数，通常又被译为挫折商或逆境商，英文简称为 AQ，主要指人在面对逆境时所展现出的反应方式和能力。逆商描述了人们在遇到困难和挫折时，如何处理这些问题，如何承受由此产生的压力。

通俗点说，逆商值的高低直接决定了一个人最终是 winner（胜利者）还是 loser（失败者）。

在这个世界上，智商高、学习力强的人很多，但为什么有人能成为王健林、马云、马化腾、扎克伯格那样的行业翘楚呢?

成败就在此“逆商”。

同样的打击和困境，逆商值高的人产生的挫败感弱，而逆商值低的人产生的挫败感强。顶层人智商高，情商高，逆商也高；中层人往往智商平，情商平，逆商平；基层人智商低，情商低，逆商更低。

在智商、情商相差不大的情况下，逆商决定着一个人事业的高低、历史地位、社会地位，甚至生死。

垓下之战后，项羽本可以选择保命后再“东山再起”，可是逆商值低的他觉得“无颜再见江东父老”，横剑自刎于乌江。

众所周知的赤壁之战，曹操几十万大军溃败于不足 5 万的孙刘联军，多年的苦心经营付之一炬，全军覆没。可他笑对逆境，3 年后重整旗鼓，率 40 万大军大胜敌军。

创建 Facebook（脸书）的扎克伯格屡败屡战，用自信和屹立不倒的姿势成功保住了脸书。任正非 44 岁被骗 200 万元，被公司开除，差点崩溃自杀，但高逆商值救了他。

被称为“中国500年来堪称完美之人”的清朝名臣曾国藩，被慈禧太后称为“天下第一正人”，一生中竟然有过3次自杀。

伟大领袖毛泽东，也曾“三起三落”，被开除军籍、党籍，被中央多次严厉批评。毛泽东称他的老乡曾国藩为“办事兼传教之人”，还说：“吾于近人，独服曾文正。”

纵观古今中外，越是功成名就、成大业者，经历的磨难越多，他们的逆商值也越高！

屡败屡战、永不服输是他们共同的卓越品质！

学习是每个人一生的事业。学商，即SQ的高低决定着一个人能飞多高，能走多远，能飞多久！

情商决定我们做什么样的人，智商决定做什么事，学习力决定成长的速度，逆商值决定是否成就大业！

第十六篇　生命的去向

我们人类至今都无法解决的三个问题，也就是人类哲学终极三问：

我是谁？我从哪里来？我要到哪里去？

这三个问题是苏格拉底的三大哲学问题，一经提出便让世人陷入无尽的思考中。

我是谁？（Who am I?）

这个问题的答案通常因人而异，每个人对自己的认知是不同的，而且随着年龄、环境的变化在不断探索、变化中。

我从哪里来？（Where am I from?）

这个问题的答案也会因人而异，每个人都在不断追问自己的来处。

我要到哪里去？（Where am I going?）

这个问题的答案始终是千古之谜，世世代代的人都在不断探寻自己的去向。

我们每一个人似乎都想活成最想成为的自己，却未遂，周围那么多“优秀的别人”，所以我们一直在羡慕他人，仰望别人的成功，感到自己的卑微，羡慕别人的快乐，放大自己的不幸。每一个人都以为自己的遭遇是人世间最不幸的，只强烈地抱怨自己的命运甚至责怪社会与家庭，极少在心中反思自己形成今日局面的原因。

因此，有些人觉得社会和生命是对不起人的。存着这种心态生活的人，是无法活得快乐的，这很难，真的非常难，要改也不容易，如果自己不改，他人之言是无法入心的。

从大的生物进化角度讲，任何一个生命都有它生长的痛楚与成长的艰辛。这些仿佛是一粒粒种子，在日后的生活中，于某个节点，因某件事的触碰，就会迅速发芽、破土、成长，甚至茁壮得惊人。

于是，我们的生命便在多次历练中越发成熟。

生命成熟的过程中，谁也免不了挣扎和伤感，而生命之美，恰恰是这样的挣扎与苦乐酸甜。生命所谓的美丑，是世人加以臆断和解读的，是主观的，然而一千个人眼中有一千个哈姆雷特，仁者见仁，智者见智，各有所得。

那么，人生最重要的是什么？

我想了很久，得出的回答与台湾著名作家三毛的答案竟然完全契合：智慧。

我坐下来细想，觉得并不太周全：快乐呢，它不重要吗？真诚不重要吗？金钱不重要吗？爱、自由、勇气、健康、家庭、友谊、同频、和平呢？难道这些不重要吗？

最后，我发现，这一切的一切，其实都已被智慧涵盖，在智慧的大前提下，其他的东西自然而然都会随之而来。

想到此，我释然了，给自己平生最大的一个微笑，诗词从内心深处自然而然地流淌：

晨曦渐露，
旭日徐升，
一层层落叶覆盖着大地。
我，
踩着层叶的白霜，
蓦然回首，
悠然见南山，
感到自己化身为佛前无尘的白莲。
活在这无法重来的人间，
四季轮转，
水波温柔，
彼岸花盛开，
万物可亲，万物可爱。
活在这当下的人间，
人类和植物一样，
共享静谧安然，
相看两不厌……

第十七篇　教育的“冬天”来了，春天还会远吗？

从某种意义上说，我们的教育正在经历着“冬天”。

教师接二连三的跳楼自杀，学生厌学，学生抑郁和自杀的数量在逐年递增。2023年，全国中小学生人数预计为1.1亿人。《2023年国民抑郁症蓝皮书》指出，我国患抑郁症人数为9500万人。抑郁患者面临“病耻感强、疾病教育缺失、就医困难”等问题。我国每年大约有28万人自杀，其中40%的人患有抑郁症。18岁以下的抑郁症患者占总人数的30%。教育行业成为职场抑郁的“重灾区”，占整个职场抑郁症患者总人数的13.5%。

这个占比，令人触目惊心！

管理与教学矛盾、同人矛盾、师生矛盾、家校矛盾、社会与教育的矛盾等问题的存在，使中国教育如同其他事物一样正在经历着发生、发展、繁荣、衰退的必然发展历程。

教育也有四季：发生的春、发展的夏、蓬勃的秋、衰败的冬。

在现代社会，随着经济全球化、信息技术革命等变化，教育也逐渐向全球化、信息化方向发展。

同时，教育的目的也逐渐从传递知识、培养能力转变为发展创新能力、培养全能人才。

人才培养的本质是什么？

它是为生产、服务和创新提供有能力的力量。培养目标要根据时代的需要及学生的特长、兴趣和能力而定。

人才培养是一个怎样的过程？

它是一个循序渐进的过程，从基础教育到高等教育需要逐步提高研究的深度和广度，并不断完善知识结构。人才培养是注重综合素质提高的过程，学生不仅要具备专业技能，还需要有良好的道德品质、创新能力、人际关系和应对困境时的处理能力等多方面素质。

所以，当教育忘记了人才培养的本质和目的时，当教育违背了教育循序渐进的客观规律时，当教育只为清华、北大服务时，教育的“怪象”就出现了。

我们都知道凡事要遵循事物发展的自然规律，反之，必然导致惨败。

“揠苗助长”造成的后果是禾苗被“催死”，农夫颗粒无收。

“快餐式”管理理念下，“唯清北论”“唯名校论”“唯高考论”大肆盛行。“唯成绩论”成为领导对学生和教师的唯一评价标准。他们只关注成绩，不关注核心素养，仅关注上线人数多少，不关注身心健康和学习力。“清北”班或“精英”班只考核上了“重本”的人数、“重本”单科上线数和平均分；普通班只考核双上线人数和平均分。一张张成绩统计对比表展现了学生的成绩，与其他校的、本校的、跨学科的、同学科的比较数据，详细而精确。它们变成了领导们口中振振有词、声色俱厉或语气柔和地批判或者表扬教师、班主任的唯一参照物。

上行下效，学生的成绩单，与上次对比，与自己对比，在所有同学中的排名，顺理成章地也变成了班主任或者任课教师对学生们批评或者表扬的唯一参照物。

教育部反复强调的素质教育，反复强调的核心素养，淹没在社会对学校的好坏只以数字为评判的固化思维模式中。

哪所学校考上清华、北大的人数最多，它便绝对是一流学校，挤破脑袋也要把孩子送进去。同级学校，考上哪个层次的大学人数多，哪个学校就好，即便是默默无闻的学校，突然有个学生考上了清华或北大，抑或是省文、理科状元，立马闻名天下，社会知名度上涨，教师们扬眉吐气，学校招生工作异常顺利。反之，它则门可罗雀，产生一系列的“蝴蝶效应”：学校领导挨批，教师们挨批写检查，成绩最差的教师或者班级淘汰到下一年级，或者不让上高三！

整个校园的氛围都变得凝重和压抑，各个垂头丧气、人人自危、怀疑自我等，未来焦虑症状凸显。在这种普遍存在的大环境下，社会对学校优劣的标准成了固化的刻板模式。

这种刻板模式导致的刻板评价，造成了学校之间畸形的疯狂“内卷”，而且愈演愈烈，催生了众多教育领导偏执的甚至变态的管理：无论什么方式，什么办法，只要平均分、重点线、双上线、清北线提升或者突破了，你就是好教师；无论什么方式，什么办法，只要上了清北线、重本线、本科线，你就是好学生。

由此，教育变成了高考产出的机器，变成了成绩的“加速器”。教师们被逼着短时间必须以“揠苗助长”的速度提升教学成绩，所以课堂变成了反复机械化操练的阵地，学生变成了唯唯诺诺、冷漠的学习机器。

压抑的环境，焦虑、强迫导致的心理问题折磨着身心俱疲的教师和同学们。自残、攻击他人、易怒、抑郁、强迫症、给优于自己的人下毒、跳楼自杀等，一系列的恶果随之产生。

一桩桩，一件件，令人扼腕叹息，令人触目惊心，令人恐惧担心。

教育春天的蓝图：

家长们不再以考上清华、北大来判定一所学校的优劣，不再为孩子争取名校的一席之地，不再成为“虎爸”“虎妈”，不再逼迫孩子成为“别人家的孩子”，不再逼着孩子实现自己未曾实现的梦想。他们冲破“内卷”的毒网，爱乐观上进的孩子，爱乐于助人、孝敬老人的孩子，爱礼貌、善良的孩子，爱成绩好时不骄傲的孩子，爱成绩不好却乐观开朗的孩子。

他们明白：为人父母，只是陪伴孩子走过一段人生旅程，每个人降临到这个世间，都是有不同使命的，努力就好，认真活着就好。

我希望所有的家长们找回生下孩子时最初的本心：只要孩子健康、快乐地活着就好！

教育职责管理部门的领导不再只为高考优胜校颁奖、鼓掌，不再对升学率低的校长“恶脸相向”。他们研究透了教育的核心，不再打着教育部的名义私自改变国家育人的目的和要求，不再偏离教育方向，不给教育盲目私自加码，不再因考上名校人数少罢免校长或者将其调离岗位。

基层教育单位的书记和校长应坐下来认真研读教育部等十三部门联合印发的《关于健全学校家庭社会协同育人机制的意见》，从而形成定位清晰、机制健全、联动紧密、科学高效的学校家庭社会协同育人机制。他们更新管理理念，重新制订科学合理的考核方案，切实落实教育部关于育人的导向和规定——坚持育人为本。教师用新时代党的创新理论铸魂育人，广泛践行社会主义核心价值观，遵循学生成长规律和教育规律，深入落实“双减”政策，大力发展素质教育。

管理者和一线教师同心同德，互尊互敬，尊重教育教学规律，遵循“十年树木，百年树人”的客观规律，共育良才，共育贤才。

校园外在环境优美，内在环境干净，教育空气优良。教师从教幸福指数高，是家长和社会由衷尊重的灵魂使者和摆渡人。教师以教为乐，学生以学为乐，师生每天都神清气爽地“高高兴兴上课来，开开心心下课去”。

教师成为令人向往的职业，教育成为一个高度温暖的词语，课堂成为温暖、温馨、其乐融融的港湾。师生不再敌对，他们亲如一家。

英国诗人雪莱说过：“冬天来了，春天还会远吗？”

教育也有四季，四季在轮转！我始终坚信：如果教育的冬天来了，春天还会远吗？

教育沉重如铁链，压着人类的瘦肩；教育复杂如哲学，拷问人类的灵魂；教育高贵如梵音，净化人类的精神家园。我们原本都一样：高、飘逸、自由、不驯。

我们终将找回教育的初心，我们终将领悟教育的真谛，追求切合实际的高远！我们终将给教育插上睿智的翅膀，使教育翱翔在浩瀚的多维宇宙空间中！

第十八篇　孩子别慌，你只是得了心灵感冒而已

学习无趣、游戏无趣、看书无趣、人生无趣、活着无趣……当你发现“人生的无意义”时，孩子，别慌，你只是心灵得了感冒而已。

心灵感冒和普通感冒一样，有轻，有重。普通感冒，有人咳嗽，有人发烧，症状不同，病程长短不同，身体的痛苦不同，恢复期长短也不同。心灵感冒只是一种别样的感冒而已，但是它比感冒带来的痛苦更大一些，你要警惕它！

你可能变成这个样子：没有精力去专心学习，很努力却无法集中注意力听讲，忍不住胡思乱想，却不知道想的是什么，因此这个时候，你的成绩会出现大幅度的下降。悲催的是，家长和教师认为你变懒惰了，你不上进了，甚至会猜你陷入“早恋”的旋涡中无法自拔。所以，他们开始“混合双批”模式，他们面目狰狞，语气严厉，透着恨铁不成钢的戾气，最后还得让你感恩，因为他们都是为了你好！你头晕目眩，脑子里乱如麻，整个人要炸裂了。

互联网充斥着我们每个人生活的里里外外，你课余看书的时间好像都被玩手机替代。

作为抖音或者快手的吃瓜群众，你吃不到一个满意的瓜就睡不着。你假期网购，想要买一条好看的裙子或者连帽衫，就能逛一整天京东或淘宝。刷不爽一个满意的游戏，三餐都会变得寡淡无味。

你上课貌似坐得端端正正，实则元神并未归位，在忙忙碌碌的“伪”学习中成就感满满，却在一次次考试中被失败打得满地找牙，被挫败感伤得体无完肤！

你想痛哭却无泪，你想逃离却不敢，你感到那么无力，浑身酸痛难受，说不出的痛，信心和兴趣早已走远……

这些都告诉你：你的心灵已经感冒了。孩子，你千万别慌，我们有办法治它，而且一定会打跑它，让它无影无踪。

没有一次心灵感冒是一场独自旅游解决不了的，没有一次心灵感冒是一次喊山解决不了的，没有一次心灵感冒是大声痛哭解决不了的！

你还可以去操场跑步，使劲跑，大踏步跑，拼命跑。你脑子放空，只管跑，跑到大汗淋漓，跑到腿软再也动不了，瘫软在地上……

你还可以体验一次跆拳道课，只要对着沙袋使劲发泄，大吼、大叫，使劲踢打，直到精疲力竭！你还可以去跳舞，去忘我地蹦跳，完全忘记自己最好！你只要找对自己的发泄方式就好！

无论如何，你要把跌落的心情打捞起来，激发起来。通常情况下，带来快乐的最佳方式是运动，动能生阳，运动产生的愉悦是无比美妙的！

千万不要对情绪低落不管不顾，因为当它持续两周以上时，你的心灵感冒就会发展成实实在在的病，是病就要治！不治，它会进一步发展，会加重，会给你造成更大的痛苦，甚至痛不欲生！

你开始表现出逃避或拒绝社交的状态，你喜欢一个人躲在房间里，开始避世，不愿意接触任何人，包括你的父母、好朋友、同学、教师……你整天都呆呆的，一丁点动静都让你恐慌或者害怕。你会把窗上的树影想象成要来杀死你的怪兽，你就像赵露思主演的电视剧《后浪》里的许萌萌，听到手机铃声也会吓得大叫着钻到床底下。

接下来，你对一切事物都不再感兴趣：你对以往很喜欢的事物或活动都不再感兴趣了，甚至连尝试的欲望都没有。即使父母主动提起给你买曾经你最渴望得到的礼物，你也丝毫不感兴趣了，连曾经上瘾的游戏也让你讨厌了。这有什么用呢？一切那么乏味，一切那么无趣！吃饭让人烦躁，因为要张开嘴，还得咀嚼，太烦人了，不吃也罢！你不想起床，因为还得直起身子，还得穿衣服，还得洗脸、刷牙。如此折磨人的事，你为什么要做？你觉得还是躺着吧，睁眼也麻烦透了，不如闭着。你满脑子都是灰色的，像极了世界末日的惨状，没有一点意思。身体到处都痛，连呼吸都痛，痛到憋得心口要炸开了！各种结束生命的方式在你的脑海里开始浮现，你想象自己站在楼顶或站在桥上，或是绳索放在你的脖子上！

你不敢告诉父母，你无力告诉任何人，你孤独，你怕得要死，却也不怕死，你想快点结束这一切，你甚至喜欢死亡，想尽早随它而去，因为天堂没有痛苦。

你开始伤害自己，用小刀割开胳膊上的皮肤，血流出来了，你甚至觉察不到痛，反而有种淋漓的快意……你可能会疯狂地扯自己头发，你用任何尖锐物品刺伤自己。

孩子，如果你出现了上述症状，说明你的心灵感冒了起码两个月了，因为你对它不管不顾，所以导致它疯狂地折磨你。

此时，你依然不要慌，不要害怕，不要听之任之，你要用仅存的意识，告诉父母或者亲人，你得了“重度感冒”，要死了，你需要立刻看医生！

孩子你放心，你们的家长一定会及时带你去医院的。我们国家的医疗水平很高，对这种感冒，医生们绝对有办法治疗，而且绝对能治好。

对此，你只需配合治疗即可。

你要相信医生会使你好起来的！你只要相信你的“感冒”会好，你就好了一半了，剩下的交给医生和药物就好！

经过半年，你和其他孩子一样可以上学了，虽然每天需要服药，但是你不再胡思乱想，你能正常听课、写作业了。再过半年，你又有了喜欢的游戏，你的成绩有了进步，你和同学有说有笑了，你盼望寒暑假，盼着来一场说走就走的旅行，你觉得冬天的太阳很暖，很舒服。

你需要偶尔再去看看医生，开始觉得他的白大褂不是当初的惨白了，你觉得它很干净，令人清爽。你不用吃好几种药了，你只需吃少量的几片。你还需要维持几个月，但必须坚持，因为如果中断了吃药，你可能会功亏一篑，一切重新来过，你绝对不要重蹈覆辙！

孩子不要泄气，不要大意，不要轻视！心灵感冒是所有感冒里最难治的那种！这种感冒是会反复的！

每个人的生命中，都有一段至暗的时光，但那也是通往光明的征途。你不需要羞耻，因为这是社会发展到一定阶段会出现的群体性心灵感冒！这年头，谁不曾感冒过？大多数人都有过严重的心灵感冒，在最灰暗的时刻，都会萌生不好的想法！

你熟悉的歌手许巍，曾经唱出了很多脍炙人口的歌，如《蓝莲花》《空谷幽兰》《像风一样自由》等等。

我像风一样自由
就像你的温柔无法挽留
你推开我伸出的双手
你走吧 最好别回头
无尽的漂流 自由的渴求
所有沧桑 独自承受
我给你温柔 你拒绝接受
我给你双手 真实的感受
我给你自由 记忆的长久

吟唱着这些歌，听着熟悉的旋律，我们都曾经被感动得热泪盈眶，觉得活着真好。其实他也得过心灵感冒，而且吃很多药，心情一直都好不起来。有一年，他什么都不干，就去跑步，一圈两圈三圈，慢慢地跑下去。后来，他把药放到柜子上，与它对抗。跑步虽然不是最好的良药，但是在跑步的过程中，他脑海中那些意难平，真的慢慢被抚平了。

大自然有治愈的功能，大自然是人类永恒的情人，投入它的怀中，你明白了奇妙的存在法则：天上的小鸟不种地也不收割，老天也没饿死它们；野花不纺线也不织纱，可它穿戴得那么漂亮。

为什么要陷入无穷尽的忧虑中呢？你走出去，在太阳下，在花丛里，在树林中，在湖水边，去享受自由的呼吸、清新的氧气吧，体会上天的恩赐，找回快乐的自我，探寻生命的意义！

新东方创始人，毕业于北京大学西语系的俞敏洪说："在 20 层楼上，看到打开的窗户我就一心想跳下去，就我一个人，当时我已经有了孩子，我知道肯定不能跳，然后就在零下 30 摄氏度的渥太华，独自走了 4 个小时，第二天早上 6 点飞去了朋友家，我说我不行了，朋友把我摁住，直到我的孩子飞到了我的身边。"

那一刻，千钧一发的一刻，俞敏洪突然感受到了家庭以及孩子的重要性，他敏锐地知道自己踏入了至暗时刻，努力地寻求帮助，最终获救，他才有了如今的辉煌。

华为老总任正非在采访的时候表示在 2000 年的时候，自己也是一位得了心灵感冒的患者，半夜经常被吓醒：每个月都要发 3 亿元的薪水，真怕哪一天发不出来怎么办？创业 30 年了，他似乎依旧只有痛苦。因为承受不住那些压力，他多次想自杀。直到 2006 年的时候，他看到很多农民姑娘唱歌，看到她们如此乐观，即便生活贫困却依旧持有热爱，"农民都想活下来，为什么我不想活下来？"那一天，他流了很多泪，自此再也没有想过自杀。

任正非是一个伟大的企业家。虽已是一个老人，却雄心壮志，心承民族企业。他还发文鼓舞华为的员工：任何时候，任何处境，都不要对生活失去信心。

硅谷顶级创业者、投资人本·霍洛维茨在他的书《创业维艰》里说："在我担任 CEO 的 8 年多时间里，只有 3 天是顺境，剩下的 8 年全是举步维艰。"

谁的生活不是困难重重？谁的人生会一帆风顺？谁的青春不困惑、迷茫？

英国之前的首相丘吉尔常年被心灵感冒折磨，他对它有一个很形象的比喻："心灵的感冒就像条黑狗，一咬住我，就不会放松。"

长期研究丘吉尔病症的英国精神病医生安东尼·斯托尔，提出过一种观点：

“心灵感冒毁了很多人，但它同样具有巨大的正面作用。它的本质是跟自身的内在做斗争，随之产生的痛苦虽可湮没患者，但也可能唤醒他们的意识和创造力。”

任正非、俞敏洪、崔永元，他们治愈、自愈了心灵感冒，破茧成蝶，更加卓越超然！

孩子，别怕，别慌，让我们一起唱响田震演唱的《风雨彩虹铿锵玫瑰》，好好地活下去：

一切美好 只是昨日沉醉
淡淡苦涩 才是今天滋味
想想明天 又是日晒风吹
再苦再累 无惧无畏
身上的痛 让我难以入睡
脚下的路 还有更多的累
追逐梦想 总是百转千回
无怨无悔 从容面对

孩子，记住：人是为了活着本身而活着，而不是为了活着之外的任何事物而活着。患了心灵感冒的你，活着是最大的意义，活下去，是最大的勇气！好好活下去本身就说明一个人拥有超凡的能力！你，当之无愧，具备这样的能力！

第十九篇　人工智能时代，全球教育将发生怎样翻天覆地的变化？

2023年，在阿联酋召开的世界政府峰会上，世界著名企业家、曾两次当选世界首富的埃隆·马斯克接受了远程访谈。他批评并指明了未来教育发展的方向：目前，人类没有针对问题开展教学，而是针对工具进行教学，数字化时代教育要顺应人工智能大潮，针对问题进行教学。

“人类正面临拐点，其工作形态、存在形式、认知世界的能力将进入一个新的历史阶段，我们需要培养更多创新人才应对未来的不确定性。面对拐点，教育必须率先进入，做好转型变革的准备。”

中国工程院院士、华中科技大学教授李培根在采访中说，当今世界科技发展，尤其是人工智能（AI）的进展，令人眼花缭乱，它对未来教育将产生深远的影响。他还指出教育的这个拐点，要经历一二十年。

由此，我们不难看出，在这个瞬息万变的云时代，未来教育注定会发生翻天覆地的变化：知识传播主体、学习空间、学生能力培养、评价方式等都将发生大的变化；传统注重知识传授的教学将转变成学生对知识的自主探知，知识的获取方式也将在人工智能技术的发展中更加多样化；未来的人类将共享全球最优教育资源，这样会完全打破区域壁垒。

根据如上前沿信息和专家引领，我想，对我们每位一线教师来说，教育最重要的转型应是从“知识导向”到“问题导向”，而且更重要的是，教育本质终极是回归到人。目前，高考以人为本，考查三大方面的内容：人与自然、人与社会、人与自我。这些都是万变不离其宗，始终围绕“人”这个中心体。

那么，在人工智能越来越发达的数字化时代，教师会不会从职业舞台上彻底消失？

未来的很多工作，尤其是知识传授完全可以由智能系统替代，这已成铁定的事实。虚拟教师已经出现，传统的教师已经在接受有史以来最严峻的挑战！

古往今来，在任何发达的国家和地区，教育都是至关重要的大事。教育不仅能够提高个人的知识和技能，还能够促进社会的进步和发展。然而，教育资源的分配并不均衡，许多人因为经济、地理、文化等无法接受高质量的教育。这就是可汗学院（Khan Academy）存在的意义。

我们从百度提供的最新信息中了解到这样一个全球云智能学院——可汗学院，它是一个由孟加拉裔美国人萨尔曼·可汗创立的教育性非营利组织。该组织的核心宗旨是通过网络平台提供免费教育视频，旨在帮助学生加速学习进度。教学内容包括数学、历史、金融、物理、化学、生物以及天文学等多个科目，拥有超过2000段的教学视频，目前受到全球广泛的好评和支持。

可汗学院的成功之处在于它能够将传统的面对面教学转移到网络上，使优质教育资源得以在全球范围内传播，被视为开启了“未来教育”的新篇章。

2023年，可汗学院已经宣布将使用GPT-4升级人工智能学习助手Khanmigo。可汗学院与OpenAI联合推出的Khanmigo，可以作为学生的虚拟导师，也可以作为教师的课堂助手，帮助教师制订课程计划、批改作业，还可用对话的方式为学生提供一对一的辅导。

毋庸置疑，未来数字化时代对学生而言，学习空间将会被重新定义，我们目前教育传统的物理空间，如教室、实验室、图书馆等，将被大量虚拟空间取代，学生的“自主学习”可能更多发生在数字空间里。这种“以学生为中心”的教育，需要教师针对学生的不同情况，调动学生的潜能，专注让学生具有宽广的问题视野。教师在与学生研讨式的互动中，启发和引导学生发现新问题，培养学生解决复杂问题的能力。

这种教育模式需要教师面对更多的变化、更多的不确定性，从“知识导向”转向“问题导向”，知识传授不再是教师的主要任务。

未来，工程人才的能力更多体现在专业视野上，视野主要不是体现在知识多少上，而是体现在“问题”上。

所以，提高学生“主动学习”的能力，提高学生发现问题、提出问题和解决复杂问题的能力，是教师必须具备的硬核能力。

另外，在未来教育中，虚拟教师将逐步替代传统教师承担的大部分工作。曾经让教师们身心俱疲的备课、批改作业、辅导学生、出试卷、试卷分析与讲解等工作，都将由虚拟教师来完成，虚拟教师取代人类教师是人工智能发展到一定阶段的必然结果。

未来教育将会节省大量的人力和物力，更高效、更便捷，而且极大可能利用芯片直接植入人体的方式，人类将成为庞大知识库的直接载体。

根据李培根院士的判断，随着AI大模型的发展，在一些特定专业领域将会出现数字教师，经过训练的数字教师将针对某一门课程承担讲授任务。

显而易见，无论多么有教学经验，无论多么优秀的人类教师，他们都难以匹敌高智能的数字化教师，而且数字虚拟教师永远不知疲倦，严格执行程序命令。

智能高度发达，它们对知识的掌握强于人类，而且数字虚拟教师对知识的广度和深度，将随着科技的发展无限延伸，远远超出我们人类的想象。数字虚拟教师全时段免休，不限强度地承担教育教学工作，永远自动更新成最新版本，无任何情绪波动，不需要薪水，永远谦卑服从，只需定期维护即可……这些特点，使数字教师完美得无懈可击。

李培根院士指出，“问题导向”教育模式所衍生的知识远丰富于“知识导向”教育模式所传授的既定知识。许多知识可以通过数字教师或其他智能系统获取，如何让学生具有宽广的问题视野，这是未来培养出卓越人才的关键。教师把专业知识中的问题节点拎出来，帮助学生很好地构建“问题空间”，这是拓宽学生问题视野的基础，也是培养其创新能力的基础。

简言之，“问题导向”模式将成为未来的教育培养模式。

数字化时代，云平台、大数据，使人类可以很方便、很快捷地实现交流、交换灵感进行问题关联，这种文化累积的过程称为“文化棘轮效应”。互联性是文化棘轮效应中一个关键的运行机制，网络还可以考虑构建有利于学生“问题互联”的虚拟学习环境，这种模式非常有利于培养学生的发散思维，而发散思维恰恰是创新需要的思维！

无论科技如何发展，教育模式如何改变，问题导向的教学仍然只是教育的微观问题。

教育的本质问题，正如马克思《共产党宣言》中所提出的：每个人的自由发展是一切人自由发展的条件，人的自由发展理所应当成为教育的目的。

所以，未来教育可以促进学生自由发展，是以培养创新能力、解决复杂问题为目标的自由健康发展。

有人的地方，就必然离不开教育；有人工智能的存在，就必然会使教育更科学、更完备、更全球化！

无论在教育理念、教育模式还是在教育管理方面，人工智能都将会带来翻天覆地的变革；无论对教育的高层领导者，还是对教师、家长和学生，人工智能都将提出更高的时代要求，都将使教育更具挑战性、创新性和颠覆性。

第二十篇　按下人生暂停键，别让灵魂掉太远

不知不觉中，我上班都这么久了，29 年弹指一挥间！

我每天都争分夺秒，做什么事都要卡着时间，打卡上下班，固定铃声上下课，固定时间节点开会、教研……

我喜欢清晨三四点钟的时光，世界那么安静，街道空空如也，天空干净，万物可爱！这时，我是自由的，我的思想是自由的，心灵如睡莲般，全身每个细胞都是放松的。

此时，我有充裕的时间写作，还可以烧饭、做家务、冥想、做肢体柔软操、听喜马拉雅名人散文、听 TED 演讲……

我用时间煮雨，用时间煮茶，用时间寻找自己！

一切都这样美好：空气清新，一阵风顽皮地逗笑了漫天的云朵，我的心里开满了莲花……

我慢慢地伸个大大的懒腰，让胳膊伴着深长的呼吸一点点向头顶处延伸，伸向远处，更远处……

慢下来，真好！

我忍不住踮起脚尖，像芭蕾舞演员那样舞蹈，可我比她们更快乐，因为我不受她们那样鞋子的束缚，没有固定的舞蹈规则，没有固定的动作，我想怎么样跳就怎么样跳，自由自在，似神仙般逍遥！

白天，街道上车水马龙，行人行色匆匆，大家都忙忙碌碌。我不解的是，大家着急什么呢？人生的终点都惊人的雷同，谁都躲不开，商贾巨富也好，权贵平民也罢，都有一样的归处。

急哪般？抢何物？奔何方？

我还是觉得快，人生苦短，转眼百年，可我们怎么那么着急地跑向终点？

在墨西哥，有一个这样的寓言：

一群人急匆匆地赶路，突然，一个人停了下来。旁边的人很奇怪：为什么不走了？

停下的人一笑：走得太快，灵魂落在了后面，我要等等它。

遥远的墨西哥，上演着近在咫尺的人生智慧法则：我们都走得太快，灵魂跟不上，需要慢下来等等它。

我们都那么急，急吼吼地往前赶路，渐行渐远。

走得太远，我们会不会忘了当初我们为什么出发？

生命的意义是什么？人生的美好在何处？奔忙一生，追逐一生，死了，奔波的意义何在？

我们没有时间思考，因为不能输在起跑线上，大家都在跑，忙着奔跑，加速跑，风驰电掣地跑，格外着急，争先恐后与时间赛跑。

在街上，红绿灯前，我时常见到红灯时太多的人抢着穿过去，可到了对面，又停下来等同伴。

原来他也没什么急事，就是一定要抢，这好像已成为太多人的一种习惯。

在这样的氛围中，我们似乎已失去了耐性，仿佛不跑就意味着落后似的。

我想起非常喜欢的一首诗，木心先生的《从前慢》：

从前的日色变得慢
车，马，邮件都慢
一生只够爱一个人

一封信，从寄出到朋友收到，时间是以天为单位计算的。因为车马很慢，时间也很慢。当你对一个女孩或是男孩一见倾心时，时间也会变得很慢，慢到你见她/他一眼便是一辈子。慢到在不知不觉中，你们已经白了头，回忆却是九生九世，如今好像是圆满的第十世。

望着对方的银丝，脑子都已经快承载不了回忆。可是偏偏要固执地记住，因为那些回忆都与她/他相关。

请大家帮忙，停下你匆匆的脚步，舒展你紧锁的眉头，放松你紧绷的神经，好好看看这个美丽的世界，好好亲近一下瑰丽的大自然，耐心地等一朵昙花的盛世美颜！

让生活慢下来，从头到尾完整地看完一本纸质书，让书香满怀，芬芳浸润心田；让脚步慢下来，倾听花开的声音，内心填满它绽放的娇艳；让声音慢下来，轻声软语，温柔对待周围的每个人，与鸟儿对话，与树叶话别离！

让心灵慢下来，在过去的时光深浅里，不需言语，默默相对，找回曾经年少的自己、快乐的自己、幸福的自己、慵懒的自己、爱家人的自己、爱自己的自己……

人生啊，需要时不时按一下暂停键，等一等掉队了的灵魂。不着急了，就离最后的归宿远了；慢下来了，灵魂就归位了，内心就安顿了；内心安了，人生就慢慢和顺了。

窗外鸟鸣婉转，如仙乐，如禅音，那样干净，那样轻灵，轻松入我心，很深很深……一首诗在我的脑海里呈现，自然倾泻于笔端：

《按下生活暂停键》

声声慢

人生莫着急，白马踏新泥。
山色空蒙雨色奇，大雁一字去。
炊烟袅袅起，空中满满烟火气。
寻寻觅觅，灵魂不调离，
月圆花好属意你。零零碎碎，
点点滴滴，心里有梦梦中青草地。
长发引涟漪，扬帆别石矶，
缓缓撑竿渡古稀。炊烟袅袅起，
从容暮色里，清明通透月色心，
轻松百岁也旖旎。

第二十一篇　此生不读王阳明，内心如何能安宁？

500 年来，中国历史上有伟人屹立不倒，他们被世人尊奉为“圣人”，分别为孔子、王阳明和曾国藩。

王阳明何许人也？

他是中国心学的鼻祖，在哲学思想领域有着深远的开创性意义。

王阳明，被称为“千古第一等人”。他官至兵部尚书、都察院左都御史，精通儒、释、道三家，开创了堪称儒学新局面的心学，被视为可直追孔、孟的大圣人，是史上罕见的立德、立功、立言三不朽之人。

心理学到底有多重要？心的力量多大，心理学的力量就有多大！

没有心到不了的地方，没有心理学解决不了的难题。

王阳明的心学到底有多厉害？他的心学引发了怎样的轰动？引发了怎样的跨时间和空间的连锁反应？

如果能穿越的话，王阳明是绝对的大神级网红，是网红的天花板、祖师爷！他的原创心学理论导致日本发展与强大！

日本人根据王阳明的一部《心学》，推翻了 500 多年的封建幕府统治，成功实现了明治维新，完成了向资本主义的过渡。

中国历史上有这样一位圣贤，他 12 岁时便立志要做圣人，36 岁左右终于悟出了圣人思想，他的学术思想至今还在影响世界，但时至今日，仍然有很多国人都没有听说过他的名字，这是因为清朝建立后，统治者禁止人民学习他的思想。

这位被清朝一直贬低的人，是明朝时期的王阳明，他是思想家、军事家、心学集大成者，提出“人人可以为尧舜、人人可以做圣人”的理念，被清朝统治者不容，因此清朝百姓被禁止学他的心学。

正是当时中国人弃之不用的东西，日本人却将它当成了宝。

他的有趣人生经历完美诠释了心学的超能力。

他屡败屡战，是心理强大的战神。

1496年，王阳明在会试中再次名落孙山。有人在发榜现场未见到自己的名字而号啕大哭，王阳明却无动于衷。大家以为他是伤心过度，于是都来安慰他。王阳明脸上露出一丝沧桑的笑，说："你们都以落第为耻，我却以落第动心为耻。"

越是艰难处，越是修心时。人生中遇见艰难困苦是常态，这种时候才能体现人的心性修养。寻常人往往慌乱悲戚，唯有修养深厚者能做到泰然处之。文天祥说："时穷节乃现。"

如何拥有这种自觉和修养？

王阳明心学定律：人须在事上磨，方能立得住；方能静亦定，动亦定。艰难困苦，正是对心性的最好磨砺。心定了，逆商值提升了，无往而不利，无战不胜！王阳明心学是战胜焦虑、气定神闲的法宝。

焦虑是现代人普遍的心态，患上抑郁症的人越来越多，年龄越来越小。尤其是孩子们，他们眼中看到的全是阴暗，他们的世界是灰色的，他们对一切不感兴趣，感觉生活无聊，人生无意义，厌学，厌生，厌世界！他们觉得自己一无是处，生活一无是处，人生一无是处！

其实不是这个世界出了什么问题，而是他们的心里没有了光明，他们的心态出了问题。意识到这一点，我们力求扭转，那么光明便已不远。

一个叫徐樾的弟子，在岸边如信徒朝圣一样虔敬地希望和王阳明见面，王阳明答应了。他确信在静坐中理解了王阳明心学，得到了真谛。王阳明便让他举例子说明，徐樾兴奋地举起例子来，他举一个，王阳明否定一个。这样举了十几个，已无例可举，徐樾相当沮丧。

王阳明指点他道："你太执着于事物。"徐樾不理解。王阳明就指着船里蜡烛的光说："这是光。"他在空中画了个圈说："这也是光。"又指向船外被烛光照耀的湖面说："这也是光。"再指向目力所及处："这还是光。"

徐樾先是茫然，但很快就兴奋起来，说："老师，我懂了。"王阳明说："不要执着，光不仅在烛上，记住这点。"徐樾拜谢而去。

世上没有一无是处的人，只有自暴自弃的心！

有人觉得自己一无是处，从而自暴自弃，破罐子破摔。王阳明则告诉我们，没有任何一个人是一无是处的，每个人身上都有美好的东西、珍贵的品质。所以，人要对自己有信心，坚信自己的价值。

修养精深、境界高明的人，往往能看到别人身上的优点。

很多时候，并不是你错了或者没有用，你只是还没等到有能力欣赏你的人。

花儿当然是自开自落的，可是能不能扰动我心，却是由我来决定的。哪怕天崩地裂、洪水滔天、电闪雷鸣、暴雨大作，只要我心中安然，我便永远是在桃花源、艳阳天。“万法唯心造。”

心灵的一切问题，归根结底。其实都只是自己的心的问题。

世间种种险恶，只要我心岿然不动，他人、他事便奈何我不得！

有一年春天，王阳明和他的朋友到山间游玩。朋友指着岩石间一朵花对王阳明说：“你经常说，心外无理，心外无物。天下一切物都在你心中，受你的心控制。你看这朵花，在山间自开自落，你的心能控制它吗？难道你的心让它开，它才开；你的心让它落，它才落？”

王阳明的回答很有意味：“你未看此花时，此花与汝心同归于寂；你来看此花时，则此花颜色一时明白起来。此即境由心动，境随心转。”

1528 年 11 月 28 日夜，王阳明从一个美梦中醒来，他问弟子：“到哪里了？”弟子回答：“青龙铺。”王阳明又问：“船好像停了？”弟子回答：“在章江河畔。”王阳明笑了一下：“到南康还有多远？”弟子回答：“还有一大段距离。”王阳明又是一笑：“恐怕来不及了。”

他让人帮他更换了衣服，倚着一个侍从坐正了，就那样坐了一夜。第二天凌晨，他让人把弟子周积叫进来。周积匆忙地跑了进来，王阳明已倒了下去，很久才睁开眼，看向周积说：“我走了。”

周积无声地落泪，问：“老师有何遗言？”船里十分安静，只有王阳明的呼吸声。王阳明用他人生中最后的一点力气向周积笑了一下，说：“此心光明，亦复何言。”

我不得不敬佩王阳明先生，他面对死亡如此从容，我心通透清明，宇宙任我仙游，生即死，死即生，无死，无生，他已然抵达佛之大境界！

他帮我们指出的方向，是光明磊落的，是超越生死的，是人生之大境界！从此，此心再无惧怕，坦然行走在人世间！

有弟子问王阳明，用兵是不是有特定的技巧？王阳明回答：“哪里有什么技巧，只是努力做学问，养的此心不动。如果非要说有技巧，此心不动就是唯一的技巧。”

大家的智慧都相差无几，胜负之决只在此心动与不动。王阳明举例子说：“当时和朱宸濠对战时，我们处于劣势，我向身边的人发布准备火攻的命令，那人无动于衷，我说了 4 次，他才从茫然中回过神来。这种人就是平时学问不到家，一临事，就慌乱失措。那些急中生智的人的智慧可不是天外飞来的，而是平时学问纯笃的功劳。”

事事讲技巧，他似乎看着聪明，其实是投机者。只有真正的智者，才会从本原上找依靠，老老实实下功夫，这就是老子所说的“大巧若拙”。

我们如果读懂、读透王阳明的心学，生活中所有的困惑都可迎刃而解，从此内心从容淡定，参透生死，走到哪里，都是故乡。

“种树者必培其根，种德者必养其心。”如果神州大地种德者云集，何愁国民素质不提升，何愁犯罪率不下降，何愁全民幸福感指数不暴涨呢?

伟大的王阳明，早已消失在历史的长河中，他是真正的君子，请保重，我心送君三万里。

遇到垃圾人、垃圾事，我心默念王阳明先生心学口诀：无善无恶心之体，有善有恶意之动。知善知恶是良知，为善去恶是格物。“格物”即“慎独”，即“戒惧”。知是行之始，行是知之成。心狭为祸之根，心旷为福之门。

迷茫困惑时，我默念：人人自有定盘针，万化根源总在心。却笑从前颠倒见，枝枝叶叶外头寻。

读懂王阳明，人生处处皆光明!

此生不读王阳明，内心如何能安宁？读你千遍也不厌倦，读你的感觉像诗篇；读你千遍也不厌倦，读你的感觉像春天。哲理的天花板，圆满的句点，你的智行之间，驻着我今生无限的眷恋……

因为读懂了你，我刷了5000多道题，考取了中国科学院的心理咨询师证书。希望若干年后，我能有机会当面喊你一声：老师!

第二十二篇　像清朝皇太子一样读书学习，考上清华、北大小意思

今天上课前，我想活跃一下气氛，所以问同学们：“如果你有机会穿越到清朝，你想成为哪种人？”

他们立马活跃起来，答案五花八门：慈禧太后、康熙大帝、皇太子、格格、多尔衮……甚至有几个男生声如洪钟地说：“太监！”大家哈哈大笑，但是选择最多的还是众星捧月、身份尊贵的太子。

我微微一笑说：“看来你们《还珠格格》看多了，五阿哥玉树临风、英俊潇洒，把你们圈粉了。我也和你们同频，那么我们一起看一下，皇太子的美好生活吧。”

接下来，我把事先准备好的视频给他们播放。同学们瞪大了双眼，目不转睛地看着。看完，我微笑着问：“你们还想当太子吗？”

“No，太累了，我们还是做普通人吧。”

几分钟的视频，说尽皇太子生活的常态。

俗话说：早起的鸟儿有虫吃。皇太子是未来皇位的继承人，所以要比其他皇子更勤奋。

事实上，太子天天清晨上“早读”。清晨 3 点，整个世界都在睡眠中的时候，皇太子已经在上书房开始“早读”了。早读材料是复习前一天的功课。读了大约一个钟头，其他皇子、皇孙才陆续到达。早上 5 点～7 点，是比较“煎熬”的教师提问时间。教师检查功课，各种背书，而且要求声音要洪亮，关键是还得一字不错！早上 7 点～9 点，是超级恐怖的时间段，要被皇帝亲自考问。电视剧《甄嬛传》里三阿哥经常在这一环节遭到皇帝的训斥，总是被吓得体如筛糠，面红耳赤，结结巴巴，低眉顺眼。《康熙王朝》里陈道明主演的康熙，下朝后会直接去上书房，随机抽查皇子们的功课，抽查内容不局限于课本上的知识，还要理论联系实际，尤其是太子还要被查问如治国理政方面的核心问题。

他如果答得不流畅，或者干脆答不出，被皇帝当众严厉训斥还算是好的，搞不好还得挨板子，自己的母妃也会受牵连。估计晚上做梦都会被吓醒，皇帝那“咆哮帝”的恐怖表情，能杀死人 1000 次的犀利小眼神，会成为皇子们年少时的噩梦。

太子的童年是很短的，其他皇子年满 6 岁就开始读书，他还要提前些。天将降大任于斯人也，必定会有“揠苗助长”的母妃和“恨铁不成钢”的父皇。讲课的教师也是圣祖皇帝亲自挑选的，既有汉人也有满人。汉人教师讲授儒家经典，满人教师在满语里称为“谙达”，有内外之分，内谙达教满文和蒙古文，外谙达教骑马、箭术。比如，对当年的皇太子（爱新觉罗·胤礽），圣祖皇帝更是费尽了心思。太子年幼时，圣祖皇帝亲自为他讲授四书五经，等太子大了又选了好些名儒来讲课。每日寅时，皇子就要到上书房报到。

在康熙二十六年（1687）6 月，太子胤礽 14 岁。此时，皇家在畅春园避暑，那里也修建了供皇子读书的上书房。

每日 3 点~5 点，太子到上书房，跟着满汉师傅背诵、读写《礼记》；7 点~9 点，康熙帝来考查太子的课文背诵；9 点~11 点，太子书写满文，并背诵、读写新的《礼记》篇章。即使是骄阳似火的盛夏，他也要埋头苦读，不能摇扇子分心。11 点~13 点，吃过午膳，再读《礼记》；13 点~15 点，吃过点心，到书房外弯弓射箭，再回房读书；15 点~17 点，康熙帝再来考查，让诸位皇子依次背诵课文，回答问题；17 点~19 点，康熙帝在院中考查诸位皇子的射箭技术，并亲自示范。等到天黑了，他们才回去。

皇太子什么时候可以休息？答曰：只有元旦和这之前的 2 个半天可以停学休息！

太子一年可以休息几天？他没有寒假、暑假，没有国庆节，没有黄金周，没有星期天，一年到头只能休息 6 天，分别是皇帝万寿休息 2 天，正月初一休息 1 天，端午节休息 1 天，中秋节休息 1 天，皇子本人生日休息 1 天。即便大年三十，他也要上课。

比较而言，即便是高三冲刺的学子们，他们的学习强度也逊色很多。拿衡水中学为例，作为一所闻名神州的国家级重点学校，其高三学生作息时间安排表如下：

早上 5 点 30 分起床，15 分钟洗漱，5 点 45 分~6 点 30 分进行早操和早读，早读结束后有 40 分钟的吃饭时间，7 点 45 分开始上第一节课。上午有 5 节课，中间有 25 分钟的课间活动时间，午饭加午休是 1 小时 15 分钟。下午有 5 节课，18 点 15 分结束一天的课程学习，18 点 15 分~18 点 30 分是吃晚饭的时间，18

点 50 分~19 点 10 分是学生自由观看新闻的时间。他们有 3 节晚自习，21 点 50 分晚自习结束，22 点 10 分是学生洗漱时间，22 点 30 分学生休息。

衡水中学的学生一周要上 6 天课，周日进行周测，高三 3 周放一次假。

对比下来，皇太子的确更累，而且精神压力太大了！

康熙当年做太子时为什么会累得咳血，那是因为他的教师要求他学过的文章要读 120 遍，读完背会之后，当天还要预习新课文，预习新课文的标准是要能背下来，而这些作业不是课上的，都是课下的，大家算算时间就应该能估计出皇子学习的强度。

据史料记载，皇帝给太子选好教师之后，太子就要向教师表示出发自肺腑的尊重，而教师为了不辜负皇帝的期望，不仅对太子的文化知识严格要求，就连行、走、坐、卧都会严格要求，有的太子因为被教师管得太严，一听到教师的名字，就会不由自主地紧张。

衡水中学近几年被清华、北大录取的人数都很亮眼。2015 年，被录取 119 人；2016 年，被录取 139 人；2017 年，被录取 176 人；2018 年，被录取 214 人；2019 年，被录取 275 人；2023 年，被录取 139 人。(河北省清北计划 270 人)

清朝皇子都遗传了父皇、母妃的优秀基因，而太子更是优中选优，凭借良好的基因、严格的师资培养与优质的学习环境，若穿越到现，在考上清华、北大绝非难事。

历史上因为不努力被废掉的太子不在少数。

人生正如《人民日报》每日文摘所刊登的那样：

努力是人生的态度，实力是你的尊严，改变自己永远不晚！

不管你多大，不管你目前的情况有多糟糕，如果设定一个目标一步一步向前，生活必然会好转。只要你愿意，从现在开始努力，人生最坏的结果，也不过是大器晚成。人生没有等出来的辉煌，只有走出来的精彩，如果自己不努力，谁也给不了你想要的生活。

第二十三篇　三生有幸遇严师

在你的求学生涯中，遇见严师是幸运的，你将获得最大的助力，成就更好的自己，他将成就你的非凡人生。

何其有幸遇严师！严师方能出高徒。

小的时候，尤其是男孩子，调皮捣蛋贪玩是他们的天性。如果放任不管，他们就可能变成没有是非观、胡作非为的坏孩子。那时的他们就像孙悟空，肆意妄为、无法无天，管教他们的教师就像念紧箍咒的唐僧。念紧箍咒时，孙悟空疼得满地打滚，可是如果唐僧没有紧箍咒，孙悟空一辈子都只能是只泼猴。正是因为有唐僧常念紧箍咒，悟空最终成为斗战胜佛！

所以，孩子，教师批评你，是教师不肯放弃你，他们认为你不是“不可雕琢的朽木”，是可雕的大才。教师对你的要求比别人更加严格，说明她/他对你的期待更高，觉得你能做得更好、走得更远、飞得更高。

父母是你们的第一任老师，他们的“严”往往极大可能成就卓越的你。

郎朗被称为“钢琴王子”，他小时候也有被父亲打的经历。有一次，郎朗因为学校有事回家晚了，耽误了练琴，父亲一怒之下抓住他就揍了起来……如今，已经成名的郎朗回忆起小时候的事情，对父母没有任何怨恨，反倒是父亲十分愧疚。郎朗说：“天下哪有不爱自己孩子的父母？打骂子女固然不对，但做子女的不用怀疑父母对你的爱。”

孩子，当你感到委屈时，请你思考如下三个问题：

一、父母与你之间产生冲突的原因是什么？

二、如果你遇到父母教育方式不当时你会怎么做？

三、换位思考，如果你为人父母，碰到你这样的孩子，你会怎么做？

央视著名节目主持人董卿，主持诗词大会时优雅从容，满腹诗书的她，不是天才，是严厉的父亲打出来的。

董卿也像你们一样，恨过父母严厉。她曾摔碗，与父亲打架，甚至以死相抗，工作后却对父亲感激不尽！

董卿每次谈到父亲对她的魔鬼式教育，她都会落泪。她说："我爸爸对我非常严厉，我曾一度很不能理解，他为什么会这样?"

董父让董卿从小就背唐诗宋词，抄成语、抄字典，阅读经典。每天，董卿与书为伴，学习学习再学习，看着窗外的小伙伴在玩捉迷藏、跳绳，她也心痒痒，想去一起玩。董父脸一沉："玩能有什么出息!"

董卿尽管多次向父亲抱怨、哭喊抗争，但没用。面对父亲的坚持和勤奋，她也只好进入书房继续学习。

因此，她成绩优异，从小被教师、同学赞扬，这也成了她的动力。

董父甚至不准她留长发，不准她照镜子，更不准她穿裙子。他认为美是内在的，"腹有诗书气自华"，他让女儿更注重内在美。

董卿小时候的作息时间表是这样的：

她每天早上 6 点准时起来，跑 1000 米，雷打不动，风雨无阻。

上小学开始，她每天做家务，三顿饭的碗都由她洗。记者采访董卿时，她说："我从高一就开始每年的寒暑假出去打工，没有一年落下过，一到放寒假、放暑假，别的孩子都开始过年，想怎么玩就怎么玩。我爸早就给我安排好了工作。他打电话给朋友：'你们那个宾馆要不要服务员，要不要清洁工？我女儿免费来给你们打工。'"

孩子们，只有经过千锤百炼，才能成就卓越的你！逼着你优秀的人，才是大爱你的人，才是你人生的贵人！

三生有幸遇贵人！三生有幸遇严师！

第二十四篇　父爱、母爱缺失，他们并未颓堕！

拥有完整父爱、母爱的孩子是幸福的，他们大多数都性格开朗，思想积极向上，热爱生活，成才率很高。

然而，有些人过早地失去了父爱或母爱，他们无疑是不幸的。有些孩子，因此性格暴躁、孤僻，容易抑郁。社会的阴暗面对他们的影响很大，相对来说，他们的成才率较低，犯罪率、自杀率较高。

大家普遍认为，这类孩子是值得同情的，他们身世可怜，他们如果平庸、犯错，甚至犯罪都不足为奇。

这些孩子更是恨上天之不公，有些会自暴自弃，有网瘾、毒瘾，仇视、报复社会，伤害他人、自虐、自杀等，走上毁灭的道路。

他们咬牙切齿地对天长啸："为什么对我这样不公平？你们夺走了我所有的快乐和幸福，我恨你们！我的堕落、我的所有错误都是你们造成的，你们做什么都弥补不了上天对我的伤害。"

他们把过失全部归于他人，他们怨天、怨地、怨他人，却从未怨过自己。

毋庸置疑，父爱、母爱缺失，孩子受到的影响是确定无疑的。

下文中的他们却在至爱缺失之后，并未颓废，从未放弃努力，活成了最好的自己！

他的一生，都在世事波澜中，体验着人生的苦辣酸甜。

他 21 岁科举出仕，22 岁失去母亲，30 岁失去妻子，31 岁失去父亲，42 岁以“莫须有”罪名被捕入狱遭受了彻夜非人的拷打与逼问，49 岁儿子夭折，他曾在短短五六年时间，被贬 14 个官阶……

然而，他被中外无数人崇拜和敬仰，有着神仙般逍遥的心态。

做官最高至礼部尚书，一品官，他做过龙图阁大学士。

短短 17 个月时间，他从戴罪之身的从八品升到正三品，跃升 12 个官阶。

他是中国北宋大文豪、“唐宋八大家”之一。其诗、词、赋、散文，均成就极高，且善书法和绘画，是中国文学艺术史上罕见的全才，也是中国数千年历史上被公认文学艺术造诣最杰出的大家之一。

他的众多作品在周边各国——契丹、大理都流传甚广，他在世的时候就广受这些国家名士贵族们的吹捧，称得上东亚历史上第一个国际文化偶像。

他有个驰名中外的响亮名字：苏东坡。

他 4 岁时父亲就去世了，家贫无资，母亲以荻秆画地教他读书，昼夜废寝忘食，唯读书是务。他曾任馆阁校勘，2 年后因替被贬官员申辩而被外贬。后入朝复职，升迁，他赞助推行新政失败后，上疏反对罢免正直官员，被外放。数年后，他再度被召回朝，拜官翰林学士，因被卷入濮议之争中，颇受非议。他初心不改，坚持己见，最终得以太子少师致仕，过世后获赠太师、楚国公。

他就是唐宋八大家之首的苏东坡的老师，欧阳修！

他是中国唐朝中期官员、文学家、思想家、哲学家、政治家。

3 岁就成了孤儿，却成为“唐宋八大家”一员。

虽是孤儿，他从小便刻苦读书，三次参加科举考试，均失败，第四次参加才考上进士。他再度至长安参加博学宏词科考试，又失败，第三次参加仍失败。其间，他曾三次给宰相上书，均未得到回复……最终官至吏部尚书。

他的作品非常丰富，现存诗文 700 余篇，其中散文近 400 篇。其赋、诗、论、说、传、记、颂、赞、书、序、哀辞、祭文、碑志、状、表、杂文等各种体裁的作品，均闻名于世。

《师说》是后世人耳熟能详的杰作。

他的名字叫韩愈。

她，6 岁丧父，母亲改嫁后，她只能和奶奶相依为命……出名后热衷于公益，她是中国知名女歌手、演员和慈善家。她不仅演绎了许多经典歌曲，还以其独特的音乐风格和感人的表演赢得了众多音乐奖项。她成立了爱心基金会，关注儿童健康、教育等领域，并积极参与各种慈善活动，用实际行动影响着更多的人。

她就是《天路》的原唱者：韩红。

历史上，幼年失去至亲却名垂青史的人物灿若繁星：

1. 孔子 2 岁丧父、17 岁丧母；
2. 孟子 3 岁丧父；
3. 禅宗六祖惠能 3 岁丧父；
4. 穆罕默德遗腹子，6 岁丧母，叔父养大；
5. 耶稣 15 岁（也说 19 岁）丧父；
6. 释迦牟尼，出生 7 天丧母，姨母养大；

7. 亚里士多德幼年丧父，寡母哺养成人；

8. 英国著名诗人但丁6岁丧母，18岁丧父；

9. 世界著名画家达·芬奇，私生子，在祖父家里长大，继母恶毒，没受过正规教育；

10. 拉斐尔，12岁父母相继亡故；

11. 米开朗琪罗，6岁丧母；

12. 哥白尼，10岁丧父；

13. 牛顿，遗腹子，由外祖母抚养成人；

14. 莫扎特，早年丧母；

15. 马丁·路德·金，早年丧父；

16. 安徒生，11岁丧父；

17. 高尔基，4岁丧父；

18. 托尔斯泰，2岁丧母，9岁丧父；

19. 门捷列夫，13岁丧父；

20. 列宁，16岁丧父，17岁哥哥被绞死；

21. 圣雄甘地，16岁丧父；

22. 曼德拉，4岁丧父；

23. 夏洛蒂·勃朗特三姐妹丧母时分别为5岁、3岁、1岁。《简·爱》《呼啸山庄》分别是大姐和二姐的作品。

24. 卓别林，2岁父母离婚，10岁丧父；

25. 达尔文，8岁丧母；

26. 科学家居里夫人，8岁丧姐，10岁丧母；

27. 拿破仑·波拿巴，16岁丧父；

28. 美国第一任总统华盛顿，11岁丧父；

29. 美国第16任总统林肯，9岁丧母；

30. 美国总统克林顿，遗腹子，母亲4岁再嫁；

31. 马克·吐温，12岁丧父；

32. 青霉素的发现者弗来明，7岁丧父；

33. 泰戈尔，13岁丧母；

34. 川端康成，2岁丧父，3岁丧母，7岁丧祖母，10岁丧姐，15岁丧祖父，成为人间孤儿；

35. 秦始皇，13岁丧父；

36. 汉武帝刘彻，16岁丧父；

37. 诸葛亮，3 岁丧母，7 岁丧父；

38. 陶渊明，7 岁丧父；

39. 唐太宗李世民，16 岁丧母；

40. 范仲淹，1 岁丧父；

41. 玄奘，5 岁丧母，10 岁丧父；

42. 岳飞生而无父，在洪水中靠一口大缸躲过劫难。

一代天骄的成吉思汗 8 岁丧父；朱元璋 17 岁时半月内父、母、兄同丧，入寺为僧；明朝 7 次下西洋的郑和 11 岁丧父；被尊为圣人的心学鼻祖王阳明，13 岁丧母；清朝康熙皇帝，8 岁丧父，10 岁丧母。

康有为 11 岁丧父；梁启超 15 岁丧母。

谭嗣同 11 岁丧母，且五日三丧；孙中山 12 岁丧父；李大钊自幼孤儿。

伟大领袖毛泽东 16 岁丧母，17 岁丧父；孙中山 12 岁丧父；敬爱的新中国总理周恩来，10 岁继母、生母先后去世；蒋介石 8 岁丧父；鲁迅 13 岁丧父；徐悲鸿 16 岁丧父；李嘉诚 14 岁丧父；武侠小说之王查良镛（金庸），13 岁丧母；商界奇才霍英东，7 岁丧父。

这个名单还很长，古今中外类似的例子不胜枚举。

古语说得好："天将降大任于斯人也，必先苦其心志，劳其筋骨，饿其体肤，空乏其身……"

人生短暂，然而："你生而有翼，为何竟愿一生匍匐前行？"

失去挚爱血亲是上天的考验，勇者们已书写了辉煌灿烂的历史，何不咬咬牙加入他们，扬起信念的风帆，用磨难熬铸成一往无前、披荆斩棘的利剑，砥砺前行，唱响毛泽东书写的生命最美的凯歌："恰同学少年，风华正茂，书生意气，挥斥方遒。指点江山，激扬文字，粪土当年万户侯。曾记否，到中流击水，浪遏飞舟？"

第二十五篇　学生成绩不好，是教师师德有问题？可笑……

流言止于智者！

学生成绩不好，是教师师德有问题，这是个滑稽至极的说法。

以此类推，医生治不好病，是医德有问题；农民种不好庄稼，是农德有问题；航天飞机坠地，是航天员品德有问题；学生学不好，是德行有问题……

那么，同理推导：学生违纪、打架、不听讲，甚至跳楼，是谁的德行出了问题呢？

出了问题，要追责，不要乱扣帽子，胡乱追责！

这样闹得人心惶惶，教师自我怀疑，互相诋毁，无法安心工作，这就是管理者最大的问题！这样的管理观念可能会造就史上最憋屈、最悲催的一波儿教师：他们只能唯命是从，卑微地服从领导，只能战战兢兢地教书，不能心无旁骛育人，每日如临深渊，如履薄冰。

这样的教师，承受着多层夹板气，可悲、可怜却悲壮地活着。

多少教师，40 多岁就病痛不断，甚至得了不治之症，勉强支撑！多少教师，因为积劳成疾无法继续走上讲台，与挚爱的弟子不得已说再见，还有多少教师，没熬到看见自己的退休证就去世了……

这是教育的悲哀，是管理的悲哀，更是社会的悲哀！

这样的管理机制后面，是一群控制欲极强的超级以自我为王的人。

他们曲解教育部的政策，断章取义，来达到自身统治的目的！一切只为自己便利，罔顾国法，对国家和法律缺乏起码的敬畏之心！

这样的人，内心骄傲地认为：吾为刀俎，汝为鱼肉，我想怎么切就怎么切，想怎么剁就怎么剁，我就是王道，你奈我何？天高如何？地大又如何？在我的天地里，我是至高无上、君临天下的王！我尊贵地站在顶峰，脚下是匍匐的臣民，你们越顺从、越卑微，我越有成就感，越爽！

教师只要按照他们的方式算出的成绩不佳，就是罪不可恕，就是品德恶劣，就要遭受批评，遭受家长甚至学生的谴责与蔑视。他们开会要点你的名，在大会和小会上会批评你，检查一定要手写，打印不行，那样态度有问题，手写检查，必须达到规定的字数，否则重写……如此下去，谁还敢做教师？谁还愿意让自己的孩子做教师？如此恶性循环，教育将不成教育，没有美好，只有机械的评价与折辱！

世间永恒的规则是有排名就意味有最后一名存在，谁也不能保证永远考第一。

我们辛苦奋战的一线教师们，渴望教育环境的清明干净：我们不求名扬天下，不求桃李满天下，不求评优评先，甚至只为初心，不求任何回报！我们最大的心愿就是干干净净地以清明心育人，每天不受打扰，上好自己的课，不问功名，把别人的孩子当成自己的！

第二十六篇　把教师当学生管，是教育的最大悲哀！

2023年7月，《人民日报》发声：跪着的老师，教不出站着的学生！好的教育，必然是宽严相济、奖惩分明的；好的管理，必然是尊师重教、尊重人性的！

把受过高等教育、有成熟“三观”的教师当学生管，是给教师戴上了镣铐，是给教师戴上了教育的巨大枷锁！冻结教师炽热的爱教育之心，教师终究会投射到孩子们身上，进而锁住他们的未来，阻碍国家教育的发展。

我们不要让以管制和奴役为目的的管理化作杀死教师爱教、善教热情的匕首。

一等的管理靠自觉，劣等的管理靠奴役！

不要逼得天下教师不敢请病假，因为只认考勤不论事由；不要逼得教师不敢播放与教学有关的视频，因为要层层报备不断申请才可能被许可；不要逼得教师变得卑微，无论生病还是年老病痛都不敢坐着上课，因为带病坚持已是崇高的师德。不要唯教学成绩论，学生考试成绩差时逼着教师写检查，让教师感觉自己是罪大恶极的犯人！不要让教师每日战战兢兢，如履薄冰，上有领导高压，下有学生和家长的质疑、蔑视，让教书育人成了“三无职业”：无尊重感、无安全感、无成就感！

《人民日报》发表文章：《善待基层教师，别动辄“追加处理”》，其中的几句话振聋发聩，“国将兴，必重师而重傅”，依法保护基层教师合法权益，让教师更有动力教书育人，在教书育人中更有尊严和获得感，职能部门责无旁贷。

阳光明媚，万物可爱，教育的春天怎能没有民主与人情味儿呢？

祖国的教育者们，愿你遇见开明与智慧的管理者，远离工作中的种种被压抑的烦恼，工作脱颖而出，生活甜美如蜜糖……愿我们所有战斗在教学一线早出晚归、忘记心疼自己的教师们，能沐浴教育部的春光，不再被虐，卸下有形的和无形的繁重负荷，专心育人，不被莫名其妙地问责，只管悉心育人，不问结果，不问归期！

第二十七篇　教育怕什么?

教育怕只“育”不教，或教不“善”育。

教育怕模棱两可：孩子要么对，要么错，遵循一种“不含糊”的铁则。对，就给予肯定，毫不保留地大声赞扬；错就当机立断，立马纠正。迟疑延宕是对孩子、自己和社会的不负责任。

教育怕根基不稳，沙上建房，那样的楼房，无论多么玲珑剔透、漂亮美观，都经不起风霜的洗礼。空中楼阁，终会轰然倒塌，剩下的只是零落的残垣断壁，碎砖烂瓦。

教育怕海市蜃楼。

沙漠里的海市蜃楼波光粼粼、美好虚幻，能坚持几天？当沙暴袭来的时候，最先干涸的是希望破灭后泪水流成的咸水湖。

教育怕虚假的爱。虚假的爱，怕转瞬即逝，不能长久。

父母对孩子的爱要朝朝暮暮，要铁杵磨成针，恒远久长。爱，怕平分秋色。无论父母还是教师，在爱的钢丝上不能学高空王子，不宜做危险动作，孩子要想走到对面，他们的爱必须保持持续的平衡。即使孩子摇摇晃晃，一时不曾跌落，也是在救孩子，任何一阵旋风，都可能使孩子的教育成果瞬间坠地，摔得稀碎。

教育是世上最坚固的记忆金属，高温下不易融化，冰冻三尺不易脆裂。也许童年时的良好教育，会成就一个人一生的美好。造一艘教育的爱的航母，你就可以驾驶着它，遨游九天。

教育是比九天长空和浩瀚海洋更博大的宇宙，在那个独特的多维空间中，有着无数颗自由旋转的星球，它们闪烁光芒或者躲在光影里沉默。一粒小行星划下，照亮整个夜空，那就是教育的闪光，会引流满天清光。

教育恰似神奇的化学试剂，能化腐朽为神奇，能把一个个苦难变得香甜，能让一分钟永驻成永远。腹有诗书气自华，教育能让平凡的容颜貌若天仙，能如春雨般润物无声，能让弱者面对电闪雷鸣也无所畏惧。

教育是孕育万物的大地。这片广袤无垠的大地上，能生长出能力、勇气、智慧、才干、友谊、关怀……它还能开出五颜六色的繁花：虞美人、勿忘我、彼岸花、夕颜、风铃草、美女樱……所有人间的美和心灵的芬芳，都会赠予你。

生和死之间，是教和育以及被教、被育混杂在一起的人生旅程。一份真挚、赤诚的真爱，用持久与善良续航，就是照耀自己和他人人生温暖的长明灯。

第二十八篇　教师·中年

恍惚间，我的教龄已经将近 30 年了。

我第一次登上讲台的样子还那样清晰，如今那届的学生都自称老教师了。我认为，无论哪个时期、哪个社会，只要中年教师不迷茫，教育就不会差。

教师中年，生命之果变得如此丰满，曾经喧闹的青春沉淀成了雍容华贵、自信从容。孩子都进入了寄宿制中学和大学，或者已经毕业从事工作了，家长的重担轻了很多，甚至繁重的社会责任也溶解为教学和生活的常态。

然而，到了该丰盈的年岁还不知道精神上的自立与成熟，这是很多中年教师的共同悲哀。

凡事等着上级的指示、同事的看法、家人的想法、学生的反应……然后他们才能迈出每一步——这是尚未断奶的标志。

然而，更可怕的是，很多中年教师没有断奶，不懂得从社会上那么多上好的乳汁中汲取，因此开始日复一日集体吮吸毫无营养的过期饮料。

在麻木不思进取的吮吸声中，那些有些皱纹却并未太苍老的脸浮现。

中年教师更容易犯的毛病，是把一切希望都寄托于自己退休后的老年生活中。

谨小慎微、明哲保身、节衣缩食、不轻易把心情呈现于面庞、忍气吞声，这都是在争取一个有尊严、有资产、有自由的退休老年生活。

从周围人中，我看到了，一个这样的中年无法抵达一个幸福安宁的老年。这正像黄河，浑浊的上段不可能带来一个清澈的下段。

习惯了服从的教师，只会茫然不知所措，继续迷失自我；习惯了忙碌的教师，只会继续瞎忙。由于暮色苍茫间的体力不支、人脉散失，失望会导致郁闷，心灵会无处安放，他们又没有钟情的业余爱好，只能选择找个机构或者私立学校继续工作，在熟悉的环境中找到自我存在感和成就感。

我认为，教师只有在中年才能竖起独立的桅杆，扬起高高的白帆，才会有好风顺水为你助力，才会欣赏到群鸥为你引路，找到一个个欢迎你的静好港湾。

中年教师的突破，在于从观点上升到人格，从单调升华到丰盈。

在中年教师眼前，无数对峙与纠结消解了，青年的对手消失了，教学的对手无恨了，他们更多的是把老老少少、同事、学生等照顾在身旁，内心变得柔软，曾经认为重要的，如今变得不在乎。

不要小看“不在乎”这三个字，中年教师的魅力至少有一半与此相关。

中年教师生活得很实际、很繁忙，在整体上算不得诗与远方。青年教师时代常常是诗化的，但那时的诗有太多的激情，缺少意境。以我的标准，缺少意境的诗是算不得好诗的。

教师，只有到了老年，正如著名作家余秋雨所说：“沉重的使命已经卸除，生活的甘苦也已了然，万丈红尘已移到远处，静下来的周际环境和放慢了的生命节奏加在一起，构成了一种总结性、归纳性的轻微和声，诗的意境出现了。向往峰巅，向往高度，结果峰巅只是一道刚能立足的狭地。不能横行，不能直走，只享一时俯视之乐，怎可长久驻足安坐？”

人生道路艰难，教师道路难上加难。没有拼搏，不上高峰，我们会感觉辜负了人生，埋没了自己，然而上了高峰又抓住不了什么，这个世界上没有什么真正属于自己。

正如《红楼梦》中的“好了歌”：世人都晓神仙好，唯有功名忘不了！古今将相在何方？荒冢一堆草没了。世人都晓神仙好，只有金银忘不了！终朝只恨聚无多，及到多时眼闭了。

如此看来，我们中年教师，注定要不断地上坡下坡。

上已无路，下又艰难，中年教师感到从未有过的孤独与惶恐。

温和从容，岁月静好，宠辱偕忘，是这世间真正智慧的大境界，正如人间最美好的景，都熨帖着大地，无限接近地气，潜伏在人迹罕至的幽谷中。

第二十九篇　做个内心清明的教师，提灯前行

教师是个特殊的职业。

如下这首诗，是我们教师的真实写照：耕耘教育田野牛，默默耕耘几度秋。白发粉笔相辉映，杏坛一株精神留。

教师中，女教师占比超过80%。俗话说“三个女人一台戏”，更何况我周围全是女人，而且还是高学历的女人！我们如何做到不心累、规避伤害，做个快乐的教师呢？

浮华三千，人世阡陌，我自静守一方岁月，笑看一世风云就好。

一、做个智慧的人

马塞尔说：“没有人给我们智慧，我们必须自己找到它。”一切的智慧都来自内在，一切的宁静都回归自己，方得大智慧，才得大自在。智慧的人活得明白，觉明的人活得潇洒。

看透人生是智慧，看破人生是禅心。

智者不怨人，明者不怨己。

无论环境如何变化，一个人最该关注的还是自己的内心，生活可以拒绝给你职称，拒绝给你一班好学生，但绝不拒绝给你春天的百花盛放、秋天的满树果实。

清风、明月，只要你愿意，一直都在你心里。

二、遇事不抱怨

愚者常抱怨，万事怨人，怨天怨地怨无常，其实是无觉无知。人生也常常伴随着霉运、衰运，离成功越来越远。

智者不怨人，凡事内归因，自修自正。唯自修自觉者，才能有智慧人生，人生坦途。

古语云：“明者不怨己。”教师需要做一辈子的修行人，我们需要更高一个境界：不怨人，不怨己。我们的人生会是通透的，内心是安宁的。

三、远离无效社交，做自带光芒的人

老话说：“多个朋友多条路，朋友多了路好走。”

然而，现代社会残酷的事实是路好走了，朋友才多。社交的本质是价值互换，而不是互约吃饭和礼物互换。东野圭吾说：“人性最大的恶，是见不得别人好。你永远不会知道，那些生活中看似跟你亲密的人，会在背后对你抱有多大的恶意。”

高质量的独处远远胜过低质量的社交，取悦自己永远比讨好别人更重要。相忘于江湖，不是后退，而是境界的提升。我们不再多花时间用在无效的社交上，要懂得取悦自己、提升自我。

你若盛开，清风自来。

你若优秀，朋友自多。

第三十篇　云时代教学如逆旅，自律成就卓越人

云时代，大数据背景下，科技日新月异，冲击着所有的行业，教育亦难出其右。

人们适应大潮的铁律是自律者出众，懒惰者出局。

根据史料记载，在清朝官员的勤奋排行榜中，曾国藩当仁不让地坐拥首位。在军中时，曾国藩要求自己必须“闻鸡起舞”，无论刮风还是下雨，无论环境恶劣与否，日复一日，晚睡早起，练兵督训，处理事务。入朝为官后，他的办公效率更是一骑绝尘：短短 6 个月，他处理了 4 万多卷文件，并且每一个都认真审阅，毫不马虎。曾国藩的自律就是勤，但他不盲目，不瞎钻，他还勤于寻找问题与方法，早解决，早太平，日复一日地坚持着，终成直追孔子、王阳明的大圣人。

罗翔说：“人类所有真实的快乐，一定是恒久的努力。那些瞬间的满足、短暂的享乐之后便是无尽的空虚。”

在这个快节奏的社会中，我们常常追求瞬间多巴胺的满足和享乐。然而，这种沉迷往往只会带来短暂的快感，之后却留下了空虚感和懊悔。

现在很多年轻教师仗着身强体健，在工作上很拼，下了班又熬夜刷手机，不停地对未来透支。有一句话说得很哲理：你欠下的每一份健康债，身体都会记得。

村上春树在《当我谈跑步时我谈些什么》中说：“打算作为小说家度过今后漫长的人生，就必须找到一个既能维持体力，又可将体重保持得恰到好处的方法。”人在养成自律习惯的过程中，理性时常与惰性斗争，于是一个明确的目标和一份对目标的坚持就成为成功的关键。我们需要认识到持续的努力和自我提升。

台湾著名作家林清玄在他的散文《心有欢喜过生活》中说“在人生最底层也不要放弃飞翔的梦想”，他想成为一名成功的作家，但在他的家乡，几百年也没出过一名作家。然而，他依然想实现自己的作家理想，所以小小的他开启了

勤奋自律模式：从小学三年级开始，他每天坚持写500字。中学时每天写1000字，大学每天写2000字。大学毕业后，他每天写3000字。工作后，林清玄还是每天坚持写3000字。“后来他写了一百七十几本书，成为名扬海外的作家。认识到，真正的快乐和满足来自台湾一本著名杂志，评选‘四十岁以下的成功人士’，林清玄排行第一，排在后面的人是马英九。”所以，自律是人生中最好的修行，它让我们在自我挑战中不断成长，成为更好的自己，成就更美好的未来。

自律是一种强大的品质，它使我们能够掌控自己的行为和决策。通过自律，我们能够建立良好的习惯，养成高效的工作方式，保持身心健康，更好地掌控自己的时间和资源，避免陷入无意义的消遣和浪费中。

克制惰性与拖延，我们教师能够专注专业的成长，拓宽眼界，打开格局，为自己成为优秀的教师铺平道路。

任何人，内心都极度渴望自由，那么自由是什么呢?

自由是独立、不依附、不恐惧、不再有求取安全感的冲动。只有自律，才能带来真正的自由，自律者方能自由，每日的点滴积累铸就卓越的人生。李时珍放弃仕途坚持医学，读万卷书，行万里路，积累经验，持续自律了近30年，终于完成《本草纲目》。

自律，是人生最美丽的姿态，是梦想与现实之间的桥梁。“书圣”王羲之每天练完字就在池水里洗笔，用了无数瓶墨水，写烂无数支笔，久而久之，池水尽墨，人称“墨池”，他练出了“入木三分”的笔力，最终成为名垂千古的书法大家。

自律就像一把钥匙，打开我们内心深处的潜能。我们用自律武装自己，无惧任何挑战！克制欲望，培养习惯，自律之光将照亮成功的道路。每一次战胜拖延，都是对自律精神的一次胜利宣告。

村上春树的成功，绝对不是偶然，除了他自小对文字有天赋，还得益于他几十年如一日的高度自律的生活习惯。我们要找到一个自己喜欢并且擅长的事情，在不断摸索中寻找最适合自己的方法，合理地安排好工作和休息的时间，多锻炼身体。

苏东坡说：“人生如逆旅，我亦是行人。”对我们教师而言，教学如逆旅，自律成就人。

我们目前正在经历的AI智能挑战的逆境，也许是形成人生完美曲线的好时机。自律的教师，更能适应未来的种种教学挑战，成为未来教育的卓越者。自律，不是要把每天的生活过得像机械的process（程序）一样，不是像《生活大爆炸》里的天才少年谢尔顿（Sheldon）那样参考自己喜爱食物的种类、餐厅的名字等因素制定出一周雷打不动的食谱，不是星期三晚上是 halo night（光晕之夜），每周五晚上是怀旧电玩夜，每周六的晚上总是 laundry night（洗衣之夜），每天穿不同的固定睡衣等，而是知道自己要什么，去往何方，可以打破沿途的种种干扰和诱惑，克服拖延与惰性，按照自己的节奏，踏踏实实地抵达终点。

众所周知，21 天的坚持能形成一个好习惯，而一个好习惯的形成是自律的开始。无论像贾玲那样坚持自律成功减肥的明星，还是如村上春树和林清玄那样坚持写作的作家，还有《我的阿勒泰》的作者李娟，他们坚持做喜欢的事，奔走千千万万次也绝不放弃，那是 AI 时代新型教师美好人生的开始，是未来云时代卓越教师的刚需。

第三十一篇　马未都：“深层次地满足需要读书，每个阶段读不同的书。”

我们大家熟悉的收藏家、古董鉴赏家马未都，1955 年出生于北京，祖籍山东，幼时家贫，小学就辍了学，去厂里当了工人。1966 年时，年仅 11 岁的他，只上了小学被迫中断学业，响应号召去上山下乡，到干校劳动。

改革开放后，马未都回到北京城在航天工业部继续当工人。

那些年，繁重的劳动、枯燥的日常，渐渐耗尽了马未都对生活的热情。他不明白活着的意义，更找不到自身的存在价值，在迷茫内耗中觉得日子越过越没意思。

然而，幸运的是，他没有因此沉沦，也没有患上抑郁症，在最疲惫与烦躁的时候，书籍陪伴着他，安慰着他，滋养了他的灵魂。

他疯狂地阅读，任何带字的纸，他都要读，甚至看到人家糊墙的书，他也先借过来津津有味地读。他曾向媒体说，自己只系统地读过《天演论》《红楼梦》和《简·爱》，因为当时的条件没有很多的书籍可以阅读。

读书，使马未都遇到了有趣的灵魂，遇到了精神层面的导师，他开始变得心态平和，内心丰盈，他开悟了，对书籍充满了感恩：“深层次地满足需要读书，每个阶段读不同的书。”

他把任何可能利用的时间，都拿来读书和写作，最后终于实现了阶层跃升，1981 年，马未都在《中国青年报》发表了小说《今夜月儿圆》，被许多读者视为传统文化的启蒙读物。小说发表后，他从一个普通工人被调为《青年文学》的编辑。1996 年，马未都创办中华人民共和国第一家私立博物馆——观复博物馆，后来在中国中央电视台百家讲坛栏目中主讲系列节目《马未都说收藏》，马未都的名字家喻户晓。

在这物欲横流的浮世中，对普通大众来说，任何人都无法逃出情感、家庭、职场带来的兵荒马乱。

多少人内耗严重，焦虑不安，甚至郁郁寡欢，成为麻木的"空心人"。此时，我们何妨学一学马未都，停下匆忙的脚步，向内探求，提升认知，获得精神的提升。读书，能打开另一方天地，可以让人获得精神上的支撑。

我们可以从书中找到精神滋养，让灵魂丰满，认知提升。认知层次高的人不会在琐碎的事情上内耗、沉沦。而不读书的人，精神荒芜，经历低谷时，可能如风中的蒲公英，一吹就散了。

读书，可以使人润朱颜，可以使人开悟，可以为自己的精神世界注入一汪清澈的活水，让生活焕发出勃勃生机。

善读书的人，内在的精神世界如屹立不倒、千年不腐的胡杨树，在任何绝境中都能看到峰回路转，都能绝地求生，好好活着，并且枝繁叶茂。

第三十二篇　有管、有教、有罚才是好的教育

教育需要温柔，更需要坚定的力量，适度的惩罚才能让孩子心中有敬畏，才会行有所止。

没有是非观念的护短，只会将孩子在错误的道路上越推越远，导致孩子一错再错，最终毁了孩子的未来。

有些教师对犯错学生过度的护短行为，会助长孩子的依赖性，在“护短”的盾牌下成长的孩子，也会缺乏感恩之心。

孩子需要的不是无原则的“护短”，而是理性的爱。

复旦大学钱文忠教授在一次演讲中直言：“教育孩子必须有惩戒，甚至是严厉的惩戒。”

电影《老师·好》里于谦饰演的苗宛秋老师，就是一位严厉的教师。他对学生的严厉近乎苛刻，被学生们称为“苗霸天”。他对学生大吼：“你这个样子，上了战场，也只能当逃兵！”但在电影的最后，这个让学生们又怕又恨的教师，改变了他们的命运。

那个管你最严的教师，其实爱你最深。

爱尔兰伟大作家王尔德说过：“世上只有一件事比遭人折磨还要糟糕，那就是从来不曾被人折磨过。”那个牺牲了自己的休息时间，为了你的错误吹胡子瞪眼的教师，又何尝不是想成全你的人。

学生能够被教师批评，说明教师还没有放弃学生。只有真正负责任的教师，才会苦口婆心地劝导你、批评你。教师对你有所期待，相信你一定能取得更好的成绩，所以才一直在你身后鞭策着你！

教师的每一句批评里，都藏着对学生的期待，期待学生能意识到自己的不足，改正错误，更好地成长。

白岩松说过：“吃苦教育是人生的宝贵财富，别让孩子在该吃苦的年纪选择安逸。”孩子在学生阶段，正是拼搏吃苦的年纪，若是选择了一时的安逸，将会

遗憾终生。学习上吃苦，一辈子受益。这个苦，既包括学习知识的苦累，也包括犯错时挨的骂、受的罚。

有管、有教、有罚才是好的教育。

第三十三篇　教师最美是“清欢”

何为清欢？

林清玄先生说：“‘清欢’几乎是难以翻译的，可以说是‘清淡的欢愉’，这种清淡的欢愉不是来自别处，正是来自对平静的、疏淡的、俭朴生活的一种热爱。当一个人可以品味出野菜的清香胜过了山珍海味，或者在路边的石头里看出了比钻石更引人的滋味，或者一个人听林间鸟鸣的声音感觉到比提笼遛鸟更感动，或者一个人静静品一壶乌龙茶比起在喧闹的晚宴中更能清洗心灵……这些就是‘清欢’。”

于长年累月、日复一日的枯燥教学生活中，从送走一届又一届学生的辛劳中，从每天的伏案工作中，从灯下批改作业中，我们体会到那么一丝丝的清欢，让它浸润心田，是多么美好的事情！

清欢不是悠闲，不是“闲庭信步”，而是在忙碌的教学生活里，保持好心情，激发对更美好生活的渴望，拥有一颗处子之心、赤子之心，内心澄澈明亮，不染尘埃。

戴尔·卡耐基说：“人人都应有一种浓厚的兴趣或嗜好，以丰富心灵，为生活添加滋味。”

放学或放假后，我们可以读书、练字、跳舞、打球、游泳、遛弯，或结三五好友品茶，或约一二知己谈心……即使只是如往常备课、上课、开会、教研，抑或是择菜淘米、洗洗涮涮，都能好好生活，这就是本领，我们就能拥有清欢。

清欢是学会让自己忙碌起来，是培养兴趣、丰富内心、扩大圈子、从容淡定的生活。我用业余爱好的忙碌激发出对教学和生活的热爱，这正是对家庭和社会最温情的负责。

我们要生活，而不是活着。

三毛说：“忙碌起来，可以治愈你的一切矫情和焦虑。”

在业余爱好中忙碌起来，我会忘记教学中的种种疲惫与不快，告别职业倦怠，感觉每天的太阳都是全新的，能细微地体会到每次洗脸时自来水流过指间的温柔……

拥有了清欢，我们就会与健康无限接近。

我们敬业的精神与健康的体魄会帮助我们实现自己的人生价值，我们以身心完美之躯绽放出华彩，向奋斗一生的教育事业交出最好的答卷。

几十年的教学生涯，我与学生们共同奋斗，共同面对一次又一次的考试，面对生活中的风风雨雨，师生双方早已是“你中有我，我中有你”。

我很喜欢海子的一句诗：“早晨是一只花鹿，踩到我额上，世界多么好。”

人生有限，然而教海无涯。

善待自己，拥抱清欢。热爱生活，把柴米油盐过成诗、酒、花、茶，永远心平气和，永远气定神闲。不问结果，只管努力，其他晋升、职称评聘之类的，随缘就好。一个满心“清欢”的教师，可以品味出忙碌教学生活中悠然自得的美好，或者会在违纪的学生身上看到比钻石还闪光的优点，或者倾听学生们琅琅的读书声，这些声音如林间鸟鸣、似天籁般悦耳悠扬……

做一个满心“清欢”的教师，是一件非常划算、美好的事情！

我想起苏轼的那首著名的《浣溪沙·细雨斜风作晓寒》：

细雨斜风作晓寒，淡烟疏柳媚晴滩。入淮清洛渐漫漫。
雪沫乳花浮午盏，蓼茸蒿笋试春盘。人间有味是清欢。

我模仿苏东坡，亦作《浣溪沙·教师最美是清欢》：

苦累繁忙莫心寒，桃李天下平险滩。心底从容得悠闲。
传道授业养心田，三尺讲台慧生颜。教师最美是清欢。

第三十四篇　拜托，请停止谩骂张雪峰

2024年高考结束后，如何填报志愿成为所有考生的关注点和“痛点”。

我作为从教将近30年的高中英语教师，做过10多年班主任工作，深知志愿填报对考生们的重大影响。这种影响如此重大，有时会影响到个人的发展、家庭的兴衰，甚至社会的进步。

在大家都困惑迷茫的时候，我们有幸听到了一个声音，他睿智幽默、高屋建瓴，切实从社会、家庭和考生的实际出发，为千千万万人的志愿填报提供了优选方案。

他就是张雪峰。

一个来自普通家庭的“草根”，一个敢说、会说、能说，用穿越未来的智慧双眸看待世事的教师。

他是教师中的优秀代表。

始于其幽默、陷于其才华、忠于其人品、慕其果敢，张雪峰老师成了我的偶像。

就像郭德纲和复旦大学的陈果老师的境遇那样，网友对张雪峰老师的质疑和谩骂也一直没有停止过。

我并非有意为张雪峰老师辩护，只想站在公正的立场上，客观地发表一下自己的观点。

我在视频上看过张雪峰老师指点一位学生报考，不由得发自内心敬服他的专业。他不仅对每所学校、每个专业的情况了如指掌，还对未来的政策变化和行业发展趋势洞若观火。

同样身为教师，他是怎么做到的?

他指导学生考研，对全国高校的方方面面都有所了解，指导学生高考填报志愿自然也是得心应手。除此之外，在2021年的时候，他参加了一档综艺节目，主要内容是大学生求职，在录节目的期间他结识了很多老板，人脉资源极其丰富。张雪峰和各种老板有过长时间的接触，所以没有人比他更了解老板需要什么样的专业人才。

高考该报什么样的专业，他再清楚不过了。他是真正靠谱的高考志愿填报指导教师。

他具有极强的专业性，更重要的是他永远都站在普通人的角度思考问题，真正为普通人家的孩子谋出路。对那些出身富裕、家长随便就可以送出国镀金的孩子，他们永远都不是他的服务对象。

我记得张雪峰老师曾经说过，他的目标就是不让普通家庭的孩子毕业即“失业”！

这就是张雪峰，远离所谓的“高、大、上”，给予普通家庭的孩子的是脚踏实地的实实在在的指导。别小看了“指导”这两个字，这正是孩子们迫切需要的。张雪峰不止一次说，自己有“一身穷病”。

因为这个“穷病”，普通家庭的孩子身上更容易出现更多“毛病”，走更多弯路。张雪峰的父亲患病时，曾对他说：“儿子，爸好疼！”那时，张雪峰无能为力。面对高额的医疗费用，他只恨自己本事不够大。

现实就是如此。因为这个“穷病”，普通家庭的孩子可能会走很多弯路。我的一个初中男同学，他家境贫寒，父亲身患胰腺癌，全家生计全靠母亲捡破烂维持。他是个孝顺孩子，高考志愿填报，他毅然选择了医学专业。他对我们说：“我的梦想是做个好医生，救自己的父亲，救村里的父老乡亲，救更多的人。”

然而，现实把他的梦想击得粉碎，他上的“985”医科类大学毕业需要5年时间。

他在求学期间尽管兼职3份，也只能应付自己的生活费用，根本无法供养家人。大学里，成绩名列前茅的他，被保送出国深造。在此期间，其他同学都早已毕业，为家庭创造了财富，他的父亲却因为无钱救治，在他大三时痛苦离去。他的母亲，因为长年营养不良，劳累过度，患上了肺结核，在他出国第一年撒手人寰。家里唯一的妹妹，只好选择高中辍学，外出打工，偿还欠下的10多万债务。

如今，这位同学已经是业内的名医，而且是硕士生导师。同学聚会时，他满脸懊悔地对我们说，如果有机会重新选择，他绝对不会学医！

他会选择成本小，回报早的专业，让父母和妹妹过得不那么艰难！

我们大多数人认为，学医多好，挣得多，社会地位高，还能治病救人……

可事实是，学医的周期长，本科5年，硕士3年，加上读博，总共需要10多年。人生总共有多少个10年？有多少年迈的父母可以熬过这漫长的10年？学成之后进入医院工作，又需要很多年慢慢成长、逐渐积累。理想很丰满，现实太骨感！

对我们大多数人来说，我们填报高考志愿，缺少的正是这方面的认知！

张雪峰，毋庸置疑是这方面的专家。

当有人问他，穷学生能不能选择学医时，他斩钉截铁地说："不能。"

这两个字振聋发聩，警醒了很多人！无数的普通家庭的考生们，因为张雪峰的指导，报了性价比高的专业，少走了无数的弯路，给经济原本捉襟见肘的家庭省了不少维持生活甚至生命的费用。

这种对社会群体的"利他"行为，难道不应该受到大众的肯定和尊敬吗？

那些在网上乱说一气，对张雪峰诋毁咒骂的网友们，请你们摸摸自己的良心，免开你们的"尊口"！如果只是想通过这种愚蠢的方式蹭热度，你们就随意谩骂张雪峰，辱骂郭德纲、复旦大学的陈果老师……请你们住口，因为你们的行为会伤害那些好人。

人在做，天在看，因果循环，你们最终会害人、害己、害社会！

公道自在人心，自古邪不压正！

张雪峰是普通家庭摸爬滚打出来的"平民英雄"，他正直、果敢、能力超凡，是我们中国老百姓的"嘴替"。我们的社会，需要更多的平民英雄，需要更多如袁隆平等秉持正义、为社会做出巨大贡献的人！

第三十五篇　远方的你们，是老师时刻的牵念

一场新冠疫情，再次让我们只能隔着屏幕相见。

你们这一届学生，自从初中开始，受突发疫情的干扰，就不停地经历网课。你们是一群特别的学子。

老师想说，有种爱，能跨过空间；有种惦念，是疫情无法隔断的……

有种爱，不在对面，在远方。有种感情，不能随口说出，却很深刻。

远方的你们是老师无时无刻的牵挂，远方的你们是老师分分秒秒的惦念。

生活本因新冠而艰难，却因有了这份牵挂而温暖。我虽然很想见到你们青春渴学的容颜，却因现实的种种限制哪儿也去不了，只能在心里深深牵挂，无限惦念。

我时常回忆学校相处的点点滴滴，看抖音里你们好学上进的视频。音乐是发酵的思念，文字是沉默的深情。我习惯用这样的方式，来寄托心中的牵挂与想念。

曾经不懂，何为“相知无远近，万里尚为邻”，直到从教后，我才终于明白，心若近，距离再远，也能彼此关心，彼此温暖，那份相知甚至会比父母更亲近。

这一生，遇见爱，遇见懂你的人，都不是最难得的，最难得的是遇见你们，在最纯粹的学习时光里，遇见你们。

一个人高考，全家人跟着拼尽全力。

一个班的同学共同为理想早起。老师，始终与你们一起，披星戴月，刷题，啃题，早起，比自己再参加一次高考还努力！茫茫人海中，我们能够相遇，是莫大的缘分。我们成为师生，是前世的修行，是今生同频共振的缘分。

我一直很怀念，初入教坛的那段时光。虽然已是28年前，我却总觉得仿若昨日。那时候，我比你们大不了几岁，心中充满了无限的激情，每天都抽很多时间和你们在一起。只要我们在一起，时间就会过得特别快，总是不知不觉，一天、一月、一年就过去了。

你们总说和我在一起，就像是和姐姐在一起，时光快乐而温暖。我也是一样的，只要你们在，做什么都觉得很开心，我们亦师，亦友，亦亲人。

快乐的时光总是很短暂。我们越觉得时间过得快，就越说明我们在一起是真的很快乐。我也曾思考过，我们为什么会如此投缘、如此相爱相杀、如此契合、如此珍惜呢？你们说，很可能我们上辈子就是亲人，约定了今生重逢，再续前缘，所以才会在相遇的时候似曾相识，就像失散多年的故人。

你们年少懵懂，骨子里充满了好奇，总是这般顽皮、爱侃、爱美，求知欲极强，喜怒哀乐，率性挥洒，无论叛逆还是上进，都一样，诗意唯美，真挚入心。

你们会在宿舍里把所有教师评价个遍，给每位教师取个昵称，私下里喊惯了昵称，有时会当着教师的面不小心说漏了嘴，彼此尴尬地红了脸，会心笑着改变了话题，但我们依旧喜欢在下课时一起打球、掰腕子、跳绳，忆过去、诉憧憬、谈明天。

我想说："老师除了答疑解惑，还有爱生如子、燃烧自己照亮别人的情怀，这是真正的教育初衷。"

教育是无数家庭之大事，是无数学子的必经之历练。学霸们披荆斩棘、突破重围、求而所得，成为"985""211"名校的天之骄子。很多同学踏实努力、目标坚定、圆梦高考。少部分同学年少不知求学苦，浑浑噩噩三年，最终名落孙山，究其原因，要么贪玩，要么学商未到，要么上天另有安排。

没能助力所有学子实现高考梦想，是教师此生的遗憾。桃李满天下，则是教师人生最大的幸运和骄傲。我们是幸运的，在茫茫人海中遇见彼此，遇见彼此，就遇见了纯真美好的师生情谊。

真正的师生情谊，是纵然毕业多年，纵是隔着千山万水，纵然走向社会不同的岗位，也一样彼此温暖、彼此成就、彼此鼓励。

这些年，因为有你们，因为有家国情怀之大爱，我每一天都过得特别充实，特别快乐。

余生漫漫，只要有你们相伴，有师生情谊相伴，便永远不会孤单。

听闻远方有你，天空蔚蓝，整座城市令人生暖。

我知道，你们也一样，不会轻易把老师忘。孩子们，你们曾是老师掌心里的宝，是老师一生不变的爱与挂牵。遇见你们，是我前世的修行、今生的牵盼。

第三十六篇　叶落的声音

北方的夏季没过多少天，一到初秋，在夜深人静的时候，我们就能听到梧桐叶落的声音。落叶就像一个娇羞的女子，试探性地轻叩柴门，“啪”的一声，又像一滴雨，从遥远的天际随着重力加速度打在门窗上。到了深秋时节，那节奏就快了，纷至沓来的“啪啪”声，如无数中弹的蝴蝶纷纷从高空跌落下来，明黄色的银杏、棕黄色的梧桐、深红色的五角枫，随着西北风，翻飞、飘落，急雨般落下来……

愿我们就这样相爱、相互挂念、相敬重一生，可好？

那一刻的世界真静啊，听自己的呼吸犹如倾听涨落的潮汐。我整个人都被叶落的声音吸引，凝神聚气，天人合一，与大自然母亲呢喃。

上午，10 点，自然公园。

大片的银杏树静立在那里，安然而恬静。阳光可以轻而易举地穿透尚在枝头的稀疏树叶，温柔地洒落一地金黄色，与躺在地上的层叶诉说着别离……

五角枫即使落了，仍是红艳艳的，依然有一种色彩的厚重感，有缎的光泽和温暖。

我捧起这些美丽，感恩大自然母亲慷慨的馈赠。

目光追寻着它们脱离枝头的拥挤，它们无声无息地掉落，只在落地时一声细碎的叹息中，便随遇而安地、舒舒服服地躺在那里，享受着重回大地母亲怀抱的宁谧，似乎比灿烂在枝头更有一种温和从容的美丽。

初冬，11 月末，北方，每天似乎都能听到叶落的声音。

像梧桐、银杏、杨柳、枫树这样轻灵飘逸的叶，我从不将它们的谢落看作一种悲哀的离去。它们只是在风的轻唤声中，觉悟到自己曾是有翅膀的天使、会飞的花朵，便试着挣脱枝头，试着飞，与风嬉闹着奔赴一场久违的盛宴……

有一种树是令我膜拜的，它不问四季，没有凋落的改变。春日暖阳中，夏季苦雨里，秋季丰硕时，冬天萧瑟里，它们不愠不火地翠绿着，让人想起唐宋八大家之一的苏辙的诗：“寒暑不能移，岁月不能败者，惟松柏为然。”

我信步在曾经最爱的荷塘边，一池的残茎映斜阳，却是水墨丹青的绝美素颜妆。我暗喜，残落亦是别样的韵致。夏日的娇颜与幽香，今时如画的颓唐，一如既往的温和淡定，香气幽微不张扬，美却从不缺席与散场……

只有最普通的槐树，春季懒懒的最晚发出嫩芽张望，秋天偏偏谢得早且无声。它的凋谢是急火火地组团落雨，说来就来，一阵劲风来，槐树们就迅速消瘦，不露痕迹地裸身在冬的萧瑟里，与整个季节一起老去。

叶落的声音，我听到了，那是人间最美的梵音。

第三十七篇　让教育多一点有趣和诗意

教师，先平静了自己的内心，再平和教育学生。平静温和，才能跳出愤怒和焦虑，为教育平添一点有趣与诗意。

教育中，我们可能会碰到某个学生屡教不改，个别家长胡搅蛮缠，某个领导无故责难，一些教师莫须有的为难……你怒火中烧，你的心情久久不能平静与平和，甚至上课的情绪也会波动，这种坏心情甚至影响到你的吃饭和睡眠。

我们如何应对？

一、运动是使人发泄负面情绪的良方

没有什么是一次酣畅淋漓的运动解决不了的。到操场跑几圈，一直跑到筋疲力尽为止，做一次户外徒步或者瑜伽，顺便呼吸一下新鲜的空气，感受一下大自然的美好，也捎带减减肥，一举多得，何乐而不为呢？

二、读一两本教育家的书籍，获得内心强大的力量，不再计较荣辱、得失

正如苏霍姆林斯基所说，读书不是为了应付上课，而是自身教学和生命成长的必需。

我们喜欢读书，并坚持读下去，虽然职称、荣誉不会因读书而提高，但我们的心境会因读书而变得从容、平和。我们对教育的认知会因读书而变得睿智、深刻，我们生命的成长和自我的觉醒也会因读书而迸发出来。

我们最初选择教书，不是为了评职称，不是为了争荣誉，而是因为热爱，因为喜欢学生们，想成为那个“传道授业解惑”的人，想成为在学子心灵上耕耘的人。

不忘初心，方得始终。

苏霍姆林斯基在《给教师的建议》一书中说：“读书，每天不间断地读书，跟书籍结下终生的友谊。潺潺小溪，每日不断，注入思想的大河。读书不是为

了应付明天的课，而是出自内心的需要和对知识的渴求。”

三、回归本心，卸下压力，调整到“改变”模式

教育圈流传过这样一个故事：

在暴风雨过后的海滩上，许多被卷上岸的小鱼困在水洼里，一个小男孩正奋力地把这些小鱼捡起来扔回大海。一个路过的大人问：“水洼里这么多鱼，你救不过来的，再说了，谁在乎呢?”小男孩头也不回地继续捡，说：“这条小鱼在乎，这条，还有这条。”

现实工作中，我们面临各种各样的压力，家庭的、同事的、领导的、家长的、社会的、学生的……在这个既内卷又躺平的时代，我们可以理智地选择不躺平、不内卷，因为我们不能不在乎学生！因为学生会在乎！

我们平心静气、公正地尊重每一位学生，不会因为教学成绩直接影响自己的考核与奖金而只注重分数，而是尊重教育本身，给学生多一点自由学习的时间、自主探索的空间。我们指导学生们进行课外有效阅读，扩大他们的知识面，使他们增强学科间的衔接，获得人生启迪，提高他们的人生站位与格局，而不是只让他们获得教科书上有限的知识。我们不拖堂、不体罚学生、不布置大量无效的作业，注重教会学生学习的方法，提高他们的逆商与情商，提升他们应对世界的能力，这是多么有意义的事啊！

我们做的事情可能很小，但只要能带来哪怕一点点的改变，对学生来说，对每个家庭来说，对整个教育环境来说，对整个社会来说，都至关重要。

朱永通先生有一篇文章叫《一厘米之变》，里面有句话很贴切：“坚持一厘米之变，即从能改变的地方开始，一厘米一厘米地努力去改变。”

四、发现教育的有趣和迷人之处，用乐观幽默的话语感染学生

有这样一则笑话：一个学生总在学校犯错误，每次请家长，教师都把他的妈妈喊过来沟通，从没叫过他的爸爸。这位学生就写了个纸条问老师：老师，为什么你每次请家长都不喊我爸爸过来？教师回复：我现在有心脏病，就是当年被你爸爸气的！

看完，相信很多教师也会开怀大笑！可见，教学还是很有趣的。

苏联革命家列宁说：“幽默是一种优美的、健康的品质。”我们要让自己幽默起来。幽默是生活波涛中的救生圈。教育中并不缺乏幽默，而是缺少发现幽默的眼睛。用幽默的品质去驾驭教学，用慧眼在教育中发现乐趣，我们的教育

就会生动有趣起来，这是我们新时代教师的职责和成就幸福教育的刚需。

恩格斯说："幽默是表明工人对自己事业具有信心并且表明自己占着优势的标志。"

我们举一反三，学以致用：幽默是表明教师对自己事业具有信心并且表明自己占着优势的标志。幽默和风趣是智慧的闪现。语言幽默是具有智慧、教育和道德上优越的表现。

幽默是智慧教育闪现的光芒，照耀着学子稚嫩的心，开出乐观向上、乐学、善学的花朵。凡有幽默感的教师，都是聪慧的，深受学生欢迎。他们会用幽默的方法解决一切困难问题，把每一种教育问题都解决得从容不迫、恰到好处、效果良好。

愿我们所有的教师，眼神平和，脚步从容，学识丰富，言语幽默！让我们的教育之花沐浴在有趣和诗意的春风中，灿烂多姿，灼灼其华！

第三十八篇　无限相信读书的力量

纵观世界各国，凡是崇尚读书的民族，大多是生命力顽强的民族。

全世界读书最多的民族是犹太族，平均每人每年读书 64 本。

联合国对世界 500 强企业家读书情况进行调查统计：日本企业家一年读书 50 本，中国企业家一年读书 0.5 本，日本企业家一年的读书量是中国企业家的 100 倍。

每年人均购书量：以色列 64 本、俄罗斯 55 本、美国 50 本，中国平均每人每年购书不足 5 本。

两年前，我读苏霍姆林斯基的著作时看到一段使我刻骨铭心的话：“无限相信书籍的力量，是我的教育信仰的真谛之一。”我后来又读美国新闻评论家和作家、传播学史上具有重要影响的学者之一李普曼的《李普曼传》，他说：“书能改变人的一生，性格、爱好、禀赋、气质、思想和观念，以及对生活的理解。”

曾经有学生不止一次地问我：“老师，我读了很多书，可是转眼就忘。那么，读书究竟有什么用?”关于这个问题，我想起了台湾著名作家三毛的一句话：“读书多了，容颜自然改变，许多时候，自己可能以为许多看过的书籍都成过眼烟云，不复记忆，其实它们仍是潜在的，在气质里、在谈吐上、在胸襟的无涯中，当然也可能显露在生活中和文字中。”我想，三毛的话是对这个问题极好的回答。

你的言谈举止里，藏着你读过的书，走过的路，看过的风景，爱过的人……就像一日三餐，我们吃进去了很多食物，未必能记得吃了哪些食物，但这些食物肯定或多或少被身体吸收了，成了我们的骨血。

读书也是如此。我们虽然无法复现它们的内容，但书香早已融到我们的灵魂深处，稍有触碰，便会迸发出奇美的光芒。

全国政协常委兼副秘书长、民进中央常务副主席、中国教育学会学术委员会顾问朱永新说得好：“酷爱读书，不能不说是犹太人在亡国两千年之后，又能重新复国的重要原因；酷爱读书，不能不说是犹太人在复国之后，能迅速建成一个现代化国家的重要原因；酷爱读书，不能不说是犹太人在流离失所中诞生了马克思、爱因斯坦和门德尔松等无数杰出的思想家、科学家和艺术家的重要原因；酷爱读书，不能不说是犹太人不仅在全世界的富豪中名列前茅，而且在历届诺贝尔奖得主中也有惊人比例的重要原因。一句话：酷爱读书使犹太人成为一个优秀的民族；热爱读书的国家，必定是不断向上的国度。”

我国当代著名作家余秋雨也曾说：“阅读的最大理由是想摆脱平庸，早一天就多一份人生的精彩，迟一天就多一天平庸的困扰。”

我也想说：“读书的最大意义是精神丰盈，早一天就多一份人生的厚度，迟一天就多一天无奈的困扰。”

央视著名主持人杨澜在一次采访中说过一件有关读书的事，这件事对我的触动非常大。她说：“有人问我，一个女孩子上那么久的学，读那么多的书，有什么用？到最后还不是回到当初的城市，找一份平凡的工作，嫁一个平凡的人，过着相夫教子的生活？早知结果，何必如此折腾？”

她答道：“坚持读书是为了即使跌入烦琐，也能最终洗尽铅华。面对同样的环境，却能保持不一样的心境；过着同样的生活，却可以拥有不一样的情调，同样孕育的后代，却可以培养出不一样的素质。”

无限相信书籍的力量，它能赋予我们每个社会成员笃定前行的力量；无限相信读书的力量，它能使我们明白活着的意义，赐予我们生命的芬芳；无限相信读书的力量，它能助力我们铸就中华民族的精神脊梁！

第三十九篇　眼里有光，心怀梦想的教师最美

《人民教育》中说："教育确乎是难的，工作量大，且琐碎重复，容易让人心力交瘁，加上面对的是成长中的会出各种状况的孩子，本身就是一项极富挑战性的工作，很容易让人产生无力感和挫败感，陷入焦虑。如果沦陷于这种情绪中，就会失去前行的勇气，最后困守于原地。没有焦虑和苦闷，是不真实的教育；只停留于焦虑和苦闷，是苍白的教育。"

我记得有一首童谣，是这样写的：

> 愿每个孩子
> 眼里有光，心里有爱，
> 目光所及皆是美好，
> 愿你童心不泯，所遇皆甜。

我把它做了升级，送给全天下的教师同行们：

> 愿每位教师
> 眼里有光，心存大爱，
> 目光所及皆是美好，
> 跋涉教坛多年，内心仍是少年。

眼里有光，是因为心存美好；眼里有光，是对生活抱有希望，想成就有意义的人生；眼里有光，心怀梦想，是一种极佳的人生状态，是在世俗的尘埃里开出的一朵绝世的清雅之莲，它出于污泥，却回馈给世人脉脉的幽香、入心的清丽。

教师是人类灵魂的工程师，是在人心画卷上挥毫泼墨的画匠。

画匠的成就影响着社会文明进步的程度。眼里有光的教师，是在日复一日

的重复中摆脱了职业厌倦，把工作变成了喜欢做的事情，而不是单纯的谋生手段！心怀梦想的教师，他的格局是家国天下，哪怕见过最难教的学生，依然不离不弃，用最真挚的爱，引导其成为有用之才。

教师的辛苦，不言而喻，教师的超负荷工作，只有身在其中的人，才能体会！

在电视剧《小敏家》中有句台词："谁的人生里没有痛，谁的人生里没有伤，谁的人生里没有一地鸡毛，但我们可以选择不深陷其中。"

无论在教育、教学生活中遇到什么样的难题，我们都可以选择坦然应对，努力去发现教育的美好。

被誉为"抒情的人道主义者，中国最后一个纯粹的文人，中国最后一个士大夫"的汪曾祺老先生说："一定要爱着点什么，恰似草木对光阴的钟情。"

习近平总书记指出："唯有精神上站得住、站得稳，一个民族才能在历史洪流中屹立不倒、挺立潮头。"

"参天之木，必有其根；怀山之水，必有其源。"对天下学子而言，眼里有光、心怀梦想的教师给予他们的影响，就是他们精神和思想的"根"与"源"。他们的光与爱为学生们植下精神之根、信仰之源，代代学子在这种光与爱的沐浴中铸就健全人格和品格，并成为堪当大任的时代新人。

人生因奋斗而升华，教学因磨砺而出彩。

让我们做"眼里有光、心怀梦想"的教师，让我们做孩子们眼中的"最美教师"！正如《人民日报》所刊登的那样：心中有梦，眼里有光，脚下有路，未来可期！

第四十篇　“云时代”的女教师

毫不夸张地说，女教师这个群体，是一个相当优秀的群体，是一个综合素质比较高的群体。

云时代的女教师，其境况令人亦喜亦忧。

根据权威调查数据，当前，教师婚恋场景陷入一种奇怪的尴尬中：未婚女教师，大部分为“母胎单身”，恋爱中追求“百分百满意定律”未遂，或是恋爱社恐。她们严重恐婚，正越来越多地沦为“大龄剩女”，陷入婚恋困境中，成为婚配“困难户”。与此同时，已婚女教师的离婚率正逐渐攀升，她们越来越多地沦为不得已的“单身”。

女教师怎么了？

曾经，很多不知情的人都说：找女教师做老婆太划算了，上得了厅堂，下得了厨房；斗得过孩子，陪得了作业；做得了老婆，赛得过保姆。

她们知性优雅有内涵，端庄大气上档次；与人相处很随和，对待家人没脾气。事实是，近六成的女教师目前都是单身，备受追捧的行业反而成了“大龄剩女”的“重灾区”。

教育行业中的男教师少之又少，近几年更是处于几近“消失”的状态，女教师平时缺乏与异性接触的机会。寥寥可数的几个男教师都早早被内部消化完了，女教师想在同一所学校中找合适的另一半难上加难。

天涯何处无芳草，对象何不向外找？

然而，女教师整体学历比较高，对自身要求较高，自尊心强，再加上工作比较稳定、收入不低，女教师无论在单位还是家庭中，都很独立，能够独当一面。遇到困难，无论是经济上的，还是人际关系上，她们都无须依靠外力，自己就能完美解决。所以，她们对男人的需要比传统意义上减少了很多，而男人也无法接受一个太过独立、不需要自己保护的女人。

即便结了婚，很多女教师也离了婚。近几年，我国离婚率持续上升，约为3.2‰。在教师行业当中，男教师很少离婚，但是女教师的离婚率越来越高，尤其是乡村女教师更是如此。

在抚养子女方面，女教师每天忙于工作，导致每天教育好了别人的孩子，却忽略了自己的孩子，无奈将其“散养”。即便夫妻俩每天见面，女教师尤其是高中女教师，工作时间长，往往“朝七晚九”，到家累得只想瘫倒在沙发上，需要老公和家人做大部分家务和照顾孩子，这些无疑严重影响了亲子关系、夫妻关系，而且挣得不多，每个月除去日常开销，所剩的钱无法负担家庭开销，经济上处处捉襟见肘……

然而，作为撑起教师行业半边天的女教师，她们大多数都很上进、很自律，在工作上毫不含糊：管得住学霸，斗得了学渣；讲得了优课，拼得了成绩；评得上职称，做得了心理医生……她们是全能的工作“战士”，除需要休产假之外，在工作中的其他方面，大部分时间简直完美得无懈可击。

当然，有相当一部分，或者大部分女教师，在与生活和工作的对抗中，把自己修炼成了一支军队，而且是无往不胜的军队。

生活中，她们是儿女眼中值得骄傲的妈妈，家庭生活中的“女神”。辅导孩子功课、做家务、照顾老人，她们面面俱到，耐心细致。

工作中，她们兢兢业业、冲锋陷阵，是永不服输的“女汉子”，在教学科研领域中突破瓶颈、攻坚克难毫不含糊，优秀得令男同胞难以望其项背，自叹不如。

在这个世界上，没有十全十美的人，每个人都有自己的优点、缺点，“云时代”的女教师作为一个群体，据我观察，大体有如下几种类型。

一、自律、自强、追求完美型的女教师

这类女教师为了能得到社会、领导、家长和同事的肯定，会花许多时间和精力精进专业知识，学习各类课程，除了在教学工作中尽可能做到完美，还拥有很多兴趣爱好，如舞蹈、乐器、健身、礼仪等各种能提升自己形象和能力的课程。她们尽可能地将自己打造成完美的形象，在服饰、谈吐、礼仪、见识方面向知性优雅的女教师靠拢。“木秀于林，风必摧之”，这样的女教师往往容易遭到他人的仇视、羡慕、嫉妒，甚至是恨，成为“高处不胜寒”的教师。

二、不自信的女教师

与“不待扬鞭自奋蹄”的激进型女教师相反，有一类女教师对自己极端不自信，她们从小开始便是班上那种没有什么存在感的学生，往往长相、家境、

成绩都比较普通或者中等偏下，也没有一技之长，在班级的各项活动中都是旁观者，偶尔被教师提问，即使自己知道答案，也不敢举手回答。

长大步入社会后，因为才貌平平，她们时常会被领导和同事忽视，甚至被瞧不起，常常被安排做不属于自己的工作，因为她们是胆小怕事永远不会说“不”的人。日久天长，她们也知道自己很难在工作上出彩，也轮不到自己晋升，所以便循规蹈矩，办事瞻前顾后，缺乏创新意识，成为不得不“躺平”、混日子“摸鱼”的那种教师。这样的女教师，对他人的依赖性较强，往往缺乏进取心、自信心，安全感差，忽视自己能力的提升，在日复一日的重复中感觉人生无望，工作无趣，往往沦落为牢骚满腹、不思进取、破罐破摔的“怨妇型”教师。

三、传统型女教师

传统性格的女教师往往大部分为“60后”“70后”，她们从小受家庭和社会大环境的影响，生活俭朴，学习和工作都很努力，内心用传统标准来要求自己，相对于“80后”“90后”，她们吃苦耐劳，自己的事情自己做，不愿意给他人添麻烦。这样的女教师往往教龄比较长，经验丰富，但是也往往比较固执，故步自封，在日新月异的教育大潮中容易迷失自我，甚至可能被后浪拍在沙滩上。

四、追求时髦、前卫的女教师

这部分女教师，大都是“95后”或“00后”，她们从小面对各式各样物质和媒体的冲击，非常明白金钱的重要性，她们一般家境优渥或者没有金钱困扰，被父母和家人宠爱着，物质生活丰富，她们喜欢时尚、前卫的服饰，也可能会喜欢奢侈品。优越的生活条件使她们不需要付出太多，就能获得想要的物质上的一切，所以很多初入职场的女孩儿，年纪轻轻就选择“躺平”，不愿意付出太多的努力，只想走捷径。在物欲强烈却“摆烂”的过程中，她们花钱如流水，月月光或是刷爆信用卡，花呗透支是常态，工作中于人于事往往太过势利，只与对自己有利的人相处，对其他人则不屑一顾，而且生活普遍没有条理性，工位杂乱无章，用她们的话说：凌乱也是一种美。

她们虽然教学经验欠缺，但是往往精通电脑，对教学中的各种现代科技知识烂熟于心，而且运用自如，同时教学思想比较前卫，敢于创新，且精力旺盛，与学生零隔膜，很受学生们的喜爱，在评教中往往超过老教师们。

女教师是个很特殊的群体，数量上远远多于男教师，这已经是较大的全球性问题！

《中国教育统计年鉴》显示，2013年以来，中国各级学校的女教师占比全部呈增长趋势。经济合作与发展组织（Organization for Economic Co-operation and Development，OECD）2022年发表的一份报告显示，在OECD国家的初等和中等教育阶段，女教师所占比例显著偏高。

我国随着这几年的发展，从2018年开始，女教师在大学也占到了半壁江山，中小学阶段更不必说。小学女教师、中学女教师、大学女教师，在中国占比分别为70%（小学）、57.8%（初中）、54.7%（高中）、50.7%（大学）。

由此可见，女教师在全球教师行业中占据绝对优势，在教育中起着至关重要的作用。

女教师的职业表现是否优秀呢?

2016年，一名来自白俄罗斯的一名叫奥克萨娜·韦谢拉亚的教学女教师（oksananeveselaya）的课堂教学视频风靡网络。仅几个小时，视频在网站传开后，她的INS粉丝量暴增至60万。据说，这次爆火至少让她挣了500万美元。

全世界影响力最大的教师奖“全球教师奖”，被称为教师的“诺贝尔奖”，由国际教育非政府组织——英国瓦尔基基金会设立，旨在表彰教师获得的成就以及对教育界做出的贡献。每年向“为教师职业做出突出贡献的杰出教师”颁发奖金和荣誉。它的评奖标准是“教师的教育教学效果要能被衡量、有创新性，而且超越教室、影响社区。此外，还有帮助儿童成为全球公民，为他们为提供基于价值的教育，使他们为未来在不同民族、文化和宗教环境中更好地生活、工作与社交做好准备”。

获得此项殊荣的教师凤毛麟角，然而优秀的女教师们依然能斩获此项殊荣。获得“全球教师奖”的女教师有来自巴勒斯坦的赫鲁布（Heba Al Khoury）和来自英国的安德莉亚·扎菲罗库（Andria Zafirakou）。

两位女教师分别在不同的地区和文化背景下，因卓越的教育贡献，将此项殊荣收入囊中。2018年，一位39岁的伦敦社区学校艺术课女教师安德莉亚站在了“全球教师奖”的领奖台上，并获得了100万美元的奖金。这一奖项每年都会收到成千上万份的申请，而安德莉亚能够从来自170个国家，超过3万名申请者中脱颖而出，是因为她的非凡技能—— 会使用35种语言！

“云时代”的女教师们，她们独领风骚，或知书达理、幽默似春风；或温文尔雅，才能容貌世应稀；或学识渊博，思维敏捷，智慧如泉不停歇；或睿智如妍，见识过人，谦逊雅致很婉约；抑或学贯中西，才情出众，睿智豁达万人迷……在教师这个行业中，在教育这片沃土上，在数字化大潮里，“云时代”的女教师们，正以“前无古人后无来者”之姿，昂首阔步之态，自由奔放，尽展才能，谱写最美的芳华！

第四十一篇 做一个“能言善辩”的教师

能言善辩，顾名思义就是会说话、善辩论、口才好！

曾经做过教师的阿里巴巴创始人马云说：“你思想再好，不会表达也是没用的！不会表达就是没思想！”

我们每位教师也许或多或少都有第一次登上讲台前的紧张不安：走上讲台，舌头打结，大脑一片空白，备好的课根本就想不起来。有的老教师秀口一出，就语惊四座，讲课过程中游刃有余、气定神闲，赢得听课教师和学生们的肯定与钦佩。

优质课评比，因为不善表达，我们无法展现出优秀的自己，因而名落孙山；年终考核，面对领导和其他教师们的打分，我们因为不会表达，无法让大家看到那个拼命的自己，只能在那些“干得好，说得好”的同事面前甘拜下风，拿不到“优秀”名额；因为不会表达，我们不能展现学富五车的自己，学生们体会不到听课的乐趣，因此教学成绩上不去，无法得到认可；因为不善表达，我们即便才高八斗，也只能憋在肚子里，成为“闷嘴的葫芦”，无法令他人见识“庐山真面目”。

毫无疑问，这样会令我们对自己产生怀疑甚至痛恨，我们由此焦虑不安。若我们的心情长期处于这种低落的状态中，很容易抑郁成疾。我们因为表达能力欠缺，没有能力发表高质量的教育、教学论文，没有能力进行课题研究归纳与整理，甚至像样的家长会发言也做不到，所以难以得到学校、家长和社会的认可。当然达不到国家规定的评职条件，最终只能眼巴巴看着其他教师成为高级教师、正高级教师，自己却只能暗自垂泪。

赢家永远属于那些工作出彩、说得精彩的教师。

历史上有名的政治家、军事家曾国藩，被后人尊奉为“圣人”。如果不是他擅长写家书，恐怕他做得再好，也不会流传于世，他那些金玉良言转眼就会被遗忘得一干二净，哪里会有他的传世之作《曾国藩家书》让我们瞻仰？

另外两位擅长讲课的“圣人”，一位是孔子，另一位是心学鼻祖王阳明。

当今这个“互联网+”时代，更需要“干得漂亮，说得精彩”的精英！

世界著名的TED演讲，无论是台上侃侃而谈的世界各个领域的顶尖大咖，还是台下的观众，他们都是“口才界”的“航标”。

我国的《超级演说家》《我是演说家》《百家讲坛》等优秀节目让我们认识了无数“能言善辩”的卓越人才。

无论是扎克伯格、乔布斯，还是白岩松，或是超级演说家冠军——北大才女刘媛媛，他们都是“锦心绣口，口吐莲花”的人才。在任何时代，“闷葫芦”都是缺点，起码不如那些“有能力，有口才”的“全能型”人才更能做出卓越的成就和获得周围人的认可。

我国当代著名教育家魏书生，讲座时每每脱稿，面对座无虚席的观众侃侃而谈。他妙语连珠，诙谐幽默，引得在场听众无不连连称赞，鼓掌喝彩！他在给青年教师的20条建议中说：与时俱进，别让自己成为新文盲。你以知识为载体，让一块黑板、一根粉笔成为你驰骋知识空间的工具。但这世界变化得比我们的想象要快得多，因为你也许昨天才熟悉了Windows XP的操作，可他人今天使用的却是Windows10。经过一段安稳而平静的教书生活后，我们不仅对新知识感到欠缺，而且对新知识还有一种习惯性的拒绝。在这个知识爆炸的时代，青年教师应该与时俱进，成为一个学习狂，而不是新文盲。

我想，魏书生所说的“新文盲”，也包括“表达盲”吧。从全国上百万教师里脱颖而出，魏书生是我们教师行业的楷模！

也许，未来对我们教师的要求，真的会像知乎上网友调侃的那样：身材似模特，颜值拼演员。口才胜谦哥，才华如纪晓岚。

第四十二篇　浅谈教师群体中的“嫉妒”

众所周知，教师是个特殊的群体。在这个知识分子群体中，女性占据90%以上，复杂性可想而知。

教师的累，不仅因为工作量和工作压力大，还因为“同性相斥，同行相欺”的“内卷”。

你如果不优秀，会被其他教师、家长甚至学生瞧不起；如果你优秀，“木秀于林，风必摧之”，会遭受“莫须有”的嫉妒、非难、仇视，甚至被造谣和诋毁！

试想，大家如果都按照国家的要求，安安心心做好自己职责内的事，心无旁骛地尽力成为更优秀的自己，哪里会有时间和精力去八卦别人、仇视和诋毁他人？放眼看去，那些动辄批判别人，站在道德制高点，拿自己愚蠢的三观去对其他教师进行道德绑架的教师，往往都是教学能力平庸，靠人际关系随大流“摸鱼”的人。这种教师，见不得别人好，极个别的会在背后“黑”其他教师，甚至有的教师会心胸狭窄、心肠恶毒地当面“指桑骂槐”“含沙射影”，把好好的教学氛围搞得乌烟瘴气！因为此类教师善于奉迎，左右逢源，又因为其他教师不愿被这恶人骂，此类人的“人缘”还不错。

大家对此类教师的容忍，无形之中起到了“助恶”的作用，无论对刚刚从事这一行业的新人，还是对其他教师，都产生了“一颗老鼠屎，坏了一锅汤”的负面影响。

中国当代著名作家余秋雨说过：“嫉妒的起点，是人们对自身脆弱的隐忧。”余秋雨的这句话，只有16个字，可以说，对嫉妒的本质诠释得淋漓尽致。嫉妒，很多时候，真的是对自身脆弱的隐忧。越是嫉妒的人，心里越是脆弱，越是烦恼多，越是爱面子，越是爱慕虚荣，越是喜欢打肿脸去争强好胜，越是喜欢搬起石头砸自己的脚。

教师若有嫉妒的心，但能控制己心不去做一些不利于他人的事，不去悲观，依旧积极阳光，把优秀的教师当作目标去努力追赶甚至超越他，那样嫉妒是可取的，不仅有利于自己，还有利于教师队伍整体的身心健康。

亚里士多德说过："嫉妒者之所以痛苦，是因为折磨他的不仅是自己本身的失败和挫折，还有别人的成功。"

嫉妒，如果控制不好，别人的成功，可能会成为自己的痛苦。

有些人控制得不好，却不知道靠自己的努力超越别人，每天毁谤别人，故意找碴儿伤害那些他再怎么努力也无法企及的"优秀"者。

这样的嫉妒，就是丑陋的、可耻的。

有些教师之间，就有这样的嫉妒。你要是教学成绩高了，他说你作业多；你评上职称了，有荣誉了，他就造谣说你通过不正当关系获得的。就像郭德纲说的："他在专业上赶不上你，就从道德上诋毁你。"甚至极个别心理变态的会希望人家出事、遭殃，看着别人惨，他就很开心，达到幸灾乐祸的心理满足和平衡。这样的恶毒心理如果继续膨胀下去得不到遏制，他必然最终自食恶果，被忍无可忍的被诬陷者告上法庭，遭受法律的制裁！

嫉妒其实是恶意的"认可"，试想，谁会嫉妒一个不如自己的人呢？因为你让他"仰望"，所以他才会产生自卑，才会故意"贬低"来泄愤。那么，我们该如何面对，不受"嫉妒"之害呢？

《四十二章经》中提到过这样一个故事：有人用了许多恶毒的字眼，大骂释迦牟尼佛，佛祖一直等对方骂完了，才问他："如果带了礼物探望朋友，而朋友家没人在，礼物该如何处理？"对方回答："自然是带回家！"佛祖说："那就对了，你刚才送的礼物我都不收，请你带回去吧。"

这个故事告诉我们，我们受到外界诋毁，其实无损于自己，反而是骂人者会承受罪过。我建议教师们不妨效法佛祖的气度，"佛系"地将"礼物"退回去即可。对那些穷凶极恶，把你的无数次容忍和宽容都看作是懦弱，变本加厉地诬陷、辱骂你的人，你不妨大胆怼回去，保护好自己，必要时借助法律的力量，因为"天网恢恢，疏而不漏"，法律会给善良正义者"公道"的！

第四十三篇　做一个“不合群”的教师

美国人詹姆斯·瑟伯（James Thurber），曾用诙谐幽默的语言，描写过一种从众行为：“突然，一个人跑了起来，也许是他猛然想起了与情人的约会，不管他想些什么吧，反正他在大街上跑了起来。另一个人也跑了起来，第三个人，一个有急事的绅士，也小跑起来，十分钟之内，这条大街上所有的人都跑了起来……”

群体中的个人，犹如众多沙粒中的一把，可以被风吹到任何地方。

真正有智慧的人更清醒，他们宁愿孤独，也不愿意随波逐流。

我认为，所谓的合群，不是真的人缘好，实质是平庸和“随大流”；所谓的“报团取暖”，取的往往不是“暖”，而是懦弱和不思进取的同频。

正所谓“物以类聚，人以群分”，世界上的卓越人物都是少数的，他们特立独行，从不扎堆儿；相反，大部分人都是能力平平的普通人。

世界上20%的人却掌握了世界80%的财富，由此即可窥见一斑。

心理学家米哈里·契克森特米哈赖（Mihaly Csikszentmihalyi）说：“一个人对自我的探索越深入，对外界的需求就越少，因此高智商的人反而不合群。”为此，他曾做过一个实验。

他花了5年时间，跟踪调查了活跃于艺术、科学、商业及政治界的杰出人物。通过对他们经历的梳理，他发现：这些高智商的人，在青春期阶段，都有抗拒与人接触或被他人排斥的经历。正因为远离人群，他们更能沉下心做事，成年后在各自领域都表现出超强的逻辑力与旺盛的创造力，对他们而言，不合群并非性格上的孤僻，而是源自精神的独立。

我们生活中，许多优秀的人看似不合群，其实只是周围没有他的同类。毕竟，优秀者是少数，卓越非凡的人更是凤毛麟角。鲁迅先生平日里不苟言笑，但他与同时代那些精英人才蔡元培、瞿秋白、宋庆龄、萧红等人，都相交甚笃。

法国大作家莫泊桑性格孤傲，却与福楼拜、屠格涅夫、左拉等人能够相谈甚欢。

庸碌者在群体中寻找归属，聪明人只和同等层次的人深交。

一项源于新加坡管理大学和伦敦政治经济学院的研究发现：普通人在与同伴相处时会显得快乐，但高智商人群并不会。他们往往热衷一个人待着，向内探索，与自己对话，不断拓展人生的高度。有着清晰目标的人，往往刻意选择了独处。

从教多年，无论是纵观历史还是通过研究当代名师、大咖，我发现，他们都是“不合群”的人。

与孔子、孟子、朱熹并称为“孔、孟、朱、王”的王阳明先生，他是心学之鼻祖，是著名的教育家，在当时的官场是个不折不扣的不合群的人，多次惨遭陷害和贬谪，但是他依然知行合一，内心光明，最终成为被世人赞誉为中华上下五千年的“两个半圣人”的一位。第一位是被誉为“万师之表”的孔子，第二位是明朝心学的主要代表、大教育家王阳明，第三位则是“晚清三杰”之一、被称为“半圣”的曾国藩。

我们的身边，也有这样一个非常“不合群”的人，他用20节课教完200节课的内容，他从不留作业……如此“懒惰”，令全国同行们“侧目”，实属“奇葩”教师一枚。

就是这样一位“怪胎”教师，在他的手下，再乱的班级也能变好，再差的学生也能成才。

他就是中国教育界的传奇人物，首届“中国十大杰出青年”，当代著名教育改革家，他也是一位成功的父亲，儿子以优异成绩进入清华大学，他的名字，叫作魏书生。

写出了被誉为“新《儒林外史》”的《围城》的著名作家钱锺书，在许多人眼中，他一直是个不合群的怪人。他年少时恃才傲物，不屑与人交往，中年闭门写作，老年时更是离群索居。他一生贯彻的做人宗旨：不“招邀不三不四之闲人，谈讲不痛不痒之废话，花费不明不白之冤钱，浪费不该浪费的时间”。

由此，我们看出：有着清晰目标的人，往往都刻意选择独处。

你如果想要教出真正优秀的学生，想要踏踏实实搞好教育、教学，成为一名更好的教师，就请做一个安静提升自我的“不合群”的教师吧！

第四十四篇　冲破“内卷”，做苏霍姆林斯基式的教师

苏霍姆林斯基是苏联著名的教育家，17 岁时，他就开始在家乡的一所中学任教，毕生都献给了热爱的教育事业。他一生都在探索，如何通过教育培养出真正的人。

当前，尽管教育部三令五申地推行“以人为本”的素质教育，但是在高考指挥棒下，社会和家长对好学校的判定依然是“985”“211”大学的考取人数，考取“清北”是对“尖子生、天才生”的唯一判定标准，而学校对“好老师”的界定也只是通过教学成绩优秀这一条来确定。因此，我们许多教师坚信，教育就是将大量的知识灌输给下一代，这种“填鸭式”的教育，造成了现如今内卷越来越严重的教育形势。那么，在这个日益内卷的教育形势下，我们如何突破旧式的教育思维，解决现代教育面临的窘境呢？

几年前，某知名老牌重点中学在高考中“再创辉煌”，某位学生考上了清华大学。作为中考“尖子生”，考上清华的这名学生不仅高中 3 年费用全免，还给予 7 万元的奖励——这是当初招生时的承诺。当这所重点中学的高三学生提前到校上课时，学校打算请那位考上清华的“优生”回母校给学弟学妹们讲讲学习方法，班主任给他打电话，那位“优生”听了班主任的话，第一句话只有 3 个字：“多少钱？”班主任一下子就蒙了，她完全没有想到自己的学生会这样问。于是，她便在电话里跟这位“优生”讲“学校培养你不容易”“要懂得感恩”之类的话。该“优生”又反问了一句：“我考上清华关学校什么事？”

与母校讨价还价问“多少钱”的这个尖子生，他的自私与冷酷已经深入骨髓、融入血液。

很明显，“以分为本”，不是一切为了学生，而是一切为了“升学”，是“一切为了升学率，为了一切升学率，为了升学率的一切”导致的恶果！

我们的中小学教育究竟是以培养所谓的高考状元，“清北生”等杰出人才为

首要任务，还是以培养“真正的人”为根本目标？

苏霍姆林斯基的教育思想，或许可以带给我们诸多启示。

苏霍姆林斯基说：培养全面发展的人就要使“智育、体育、德育、劳动教育和审美教育深入地相互渗透和相互交织，使这几个方面的教育呈现一个统一的完整的过程”。

智育是要开发学生的智力，形成科学的世界观。体育不单单是锻炼那么简单，它的目的是培养出健康的、朝气蓬勃的社会建设者。德育是教育的核心，不仅要引导孩子树立正确的道德观，还要充分尊重孩子，保证孩子的人格尊严，让每个孩子都能“抬起头来走路”。

美育则要给孩子树立正确的审美观念，丰富孩子的精神世界。劳动教育则是培养孩子最基本的生活技能。苏霍姆林斯基认为，如果仅仅教给孩子基础知识，而不教他如何劳动，也不教他基本的生活技能，这是教育的悲剧。

苏霍姆林斯基还向我们广大教育者提出了忠告：“请记住，不是你所有的学生都会成为工程师、医生、科学家和艺术家，可是所有的人都要成为父亲和母亲、丈夫和妻子。假如学校按照重要程度提出一项教育任务的话，那么放在首位的是培养人，培养丈夫、妻子、母亲、父亲，而放在第二位的，才是培养未来的工程师或医生。”

钱理群教授在为已故马小平老师的《人文素养读本》一书的序言中这样写道：我曾经从北大这样的重点大学的教育，反观为北大输送人才的重点中学的教育，有一个让我出一身冷汗的发现。我们正在培养“绝对的、精致的利己主义者”。“所谓‘绝对’，是指一己的利益成为他们一切言行的唯一驱动力，为他人、社会所做的一切，都是一种‘投资’；所谓‘精致’，是指他们有很高的智商、教养，所做的一切在表面上都合理、合法，无可挑剔；同时，他们又惊人的‘世故老成’，经常做出‘忠诚’的姿态，很懂得配合、表演，最善于利用体制的力量，最大限度地获取自己的利益，成为既得利益集团的成员，因此，他们要成为接班人，也是顺理成章的。”

特别值得注意和警惕的是，他们讲起“人文精神”也是头头是道，但这对他们来说，不过是炫耀知识，而“人文知识不是人文素质”，必须让知识“渗透到他的生活与行为中，才能称之为素养”。

那么，对这类“尖子生”“天才生”究竟该如何培养？

天才到哪里都是天才，无论是爱因斯坦、居里夫人、牛顿、霍金，还是我国的华罗庚、钱学森，他们都有超常的天赋，与学校教育的关系实在不大。同样，对那些智商高的孩子来说，他们在学习上出类拔萃，与学校教育关系不是很大，而与其父母的遗传基因和自身觉悟有着必然的联系。

那么，对这群优秀的孩子来说，教师的意义何在？

我个人认为教师对天才孩子的意义，在于做好他们的人生导航，教会他们做人要正直、诚实、善良、知礼、孝顺、勤奋、懂得分享，有社会责任感，有“家国”情怀。

另外，我们对优秀生的界定，是否该从单一的学习成绩优异或能否考取清华、北大的传统标准，拓展创新为新的“三高”标准呢？即高智商、高情商和高逆商？

第四十五篇　做一个“三零”教师

“三零”指的是零争、零吵、零计较。如果能做到，我们将会成为一个心平气和、心胸宽广的教师，从而有所成就并且健康、长寿、快乐，成为人生赢家。

郭德纲曾在一段相声里说：“什么是成功？成功就是你把同行们都熬到那个‘小盒子’里去了，而你依然活着，那时，你就是这个行业的‘专家’了。”

他有调侃玩笑之意，但不无道理。

遇见单位不平之事，我不因一时愤怒而失去理智。

如果有其他教师故意惹你、气你，你大可以把他当成空气，对他置之不理。你如果带着怒意起争执，既不能够改善心情，也不能够解决问题。

凡成大事者，皆能趋利避害，不一味逞强斗狠。

宋朝有位宰相名叫富弼，以长于辩论闻名。某天，一个穷秀才当街拦住富弼，说：“听闻你能言善辩，我来问你一个问题。”富弼知道来者不善，却又不能不理睬，只好让他说。秀才问：“如果有人骂你，你会怎样？”富弼答：“我会装作没有听见。”秀才鄙夷地看着他：“枉你熟读四书五经，原来不过是个缩头乌龟!”富弼却不恼不怒，当真不理会秀才的辱骂。秀才深感无趣，拂袖离开了。富弼的仆人很生气：“这人如此无礼，您为何不开口反驳他呢？”富弼答：“此人明显带着怒气而来，我若与他争论，必定吵得面红耳赤，即便吵赢了他，也是口服心不服。如此徒劳无益，我又何必与他相争呢？”

能够包容这个世界的千姿百态，尊重不同个性的存在，我们才会释怀人生的多数纠葛与痛苦，正所谓：“井蛙不可以语于海者，拘于虚也；夏虫不可以语于冰者，笃于时也；曲士不可以语于道者，束于教也。”

大意是不可以和井底之蛙说大海的事情，因为它被井底这一狭小的空间局限；不能和只活在夏天的虫谈论冬天的冰，因为夏天的虫被时间局限；不能和孤陋寡闻的人谈论大道，因为他被所受的教育局限。

蝉和斑鸠嘲笑向南海飞的大鹏，说：“我飞起来能跑到树梢，有的时候飞不到树梢就落下来了，我为什么要到九万里遥远的南方呢？”

蝉和斑鸠这两种在树梢打转的小鸟，永远不会理解大鹏鸟为何要飞到九万里外的南方，因为在不同的角色之中，它们也会受当下角色的环境和因素影响主观情感，从而决定自己看问题的态度。

每位教师对人生的理解与追求不同，兴趣爱好不同，三观不同，涵养不同，不可用自己的思维对其他教师进行道德绑架和思维同频绑架。

庄子说：“小知不及大知，小年不及大年。”才智小的不理解才智大的，寿命短的不理解寿命长的。这种愚昧认知就是世间诸多纠葛和痛苦的根源，世间大多数人都是这一愚昧的制造者，也是这一人性卑劣的受害者，每个人都如此要求自己，又是如此要求别人，在不愿意放过自己的同时，也凭借着自身的优越感伤害着对方。

我此生最崇拜的教育家、军事家、心学的集大成者王阳明说过：“人只要做到此心不动，随机而动，无事不成！”

不为评不上职称而气恼，因为只要活着，只要努力成为更优秀的自己，总会有机会；不为他人的诋毁而生气，因为流言止于智者，自古“邪不压正”；不为学生顽皮不学而生气，因为也许你的教育方法不对，而且那是青春的底色，谁没年轻过呢？不为领导的不重视甚至打压而生气，因为“我心光明”，何必在意得失呢？

马云说过：“在一个聪明人满街乱窜的年代，稀缺的恰恰不是聪明，而是一心一意，孤注一掷，一条心，一根筋。”

总之，学着做一个“三零”教师，你将收获满满的幸福与健康。

第四十六篇　做一个会“说谎”的高中教师

对即将步入成人门，但心智尚未完全成熟、缺乏足够的知识技能，面对未知世界充满好奇和幻想的高中学生来说，周围人的评价是认识自己最重要的方式。

当对学生进行批评时，教师批评的是他们具体犯的错误，但学生很可能否定和质疑的是自己的整体。对内心脆弱、胆小腼腆的学生来说，教师和家长是世界的中心，如果受到批评，可能会认为自己不被教师喜欢，进而上升到不被整个世界喜欢。

所以，我们要学着做会“说谎”的教师。

他，到了一所学校，随便挑了十几个孩子，硬说他们是天才。结果 8 个月后，学校的校长和教师们真的发现这些孩子进步明显，慢慢变成了“天才”。这个“大骗子”是世界著名的心理学家罗森塔尔。

这个骗局后来被称为“罗森塔尔效应”，也叫“期待效应”，通常指在人际交往中，一方充沛的感情和较高的期望可以引起另一方微妙而深刻的变化。诚实是教师教给孩子最重要的做人道理之一，但适当的“说谎”是做一个好教师的重要方式。

可见，“说谎”是一种教育的智慧。

我们教师最了解学生的真实情况，但适当使用“谎言”，对学生进行高于实际情况的肯定，能变相地让学生为了实现目标自发地努力学习。

“说谎”不是欺骗，而是在教育中学会“睁一只眼闭一只眼”。用睁着的那只眼去看孩子的优点和潜力；用闭着的那只眼忽略孩子的缺点和问题。这种方式能放大孩子的优点，进而让他们更努力学习，让他们更加自信，让他们更加肯定自我，进而以积极向上的态度面对生活。

俗话说，谎言说一千遍也会变成真理。

想让别人变成什么样的人，就以他是什么样的人来对待。

想让学生成为好学生，就肯定他，给他“好学生”的心理暗示和支撑，慢慢地你会发现你是教出众多“好学生”的教师，而且是广受学生和社会认可的好教师。这样一举多得的好事，何乐而不为呢?

对学生进行自信心的教育，赏识教育是前提。它能激发学生的自尊心和自信心，让学生体验到成功，重塑他们的自信。面对激烈的竞争，教师要正确引导，让学生时刻保持一颗自信心，不要把他们一时的失利看成永远的失败。

——艾伦·布伦斯汀（美国一所普通小学的体育教师）

每个学生都具有自己的特点、个性，教育的真正的意义就是要发展人的个性。因此，教师需要尊重学生、发展其个性，最大限度地调动他们的积极性，激发其巨大的潜能，让每个学生都闪烁着个性的光芒。

——多伦斯·斯莱顿（美国优秀教师）

赞美永远都不是多余的，尤其是对那些从未有人赞美过的学生来说，一次真诚的赞美，可以胜过一万次严厉的责备。有时，老师的鼓励与赞美虽然只是短短几个字，正是那几个字却能够给学生带来足够的信心和勇气。

——布劳斯（苏联优秀教师）

第四十七篇　做一个“才貌双全”的教师

无论身处哪个学段，只要是任教10年以上的教师，都或多或少地积累了相关教育专业知识和教学经验，即便不是本学科的精英骨干，也能做到上课时驾轻就熟、气定神闲了。若是教龄在20年以上，他们更是能做到游刃有余、口吐莲花、语惊四座了。

前不久，我重新看热播校园电视剧《少年派2》，看到闫妮扮演的王胜男(大学资深排球队教练）面对来顶替她的年轻帅气的男教练，怒怼道：“谁没年轻过，你，老过吗?”她话语中透着自信优雅，也有点对“长江后浪推前浪，后浪把前浪拍在沙滩上”的无奈与不服“老”的硬气。

作为一名从教28年的“老”教师，我觉得一名教师，到了一定阶段，应该学会“清零”，这样才能与时俱进、不忘初心、脱胎换骨，活成最初从教时热情洋溢、激情四射、爱生如子的模样，才能把工作当成最爱的事。

央视著名节目主持人杨澜说：“你可以不成功，但不可以不成长。”

作为一名教师，我们更应该与时俱进，时刻进行专业成长，才能成为更优秀的自己，教出更优秀的学生，更好地为成千上万的家庭负责，更好地服务于社会。对学生而言，“学无定法”，而对我们教师而言，“教无定法”。我们只有不断提升专业修养，不断补充专业知识和提高教学能力，不断“充电”，才能摆脱故步自封、“教无趣，学没劲”的年复一年的职业厌倦怪圈。

众所周知，教师的衣着、谈吐、举止对学生们有着极其重要的影响，有时甚至超越了传授知识本身。教育是向美而生的事业，所以南方很多地方在推行“阳光教育”“美好教育”，以期达到最佳教育效果。

钟晓莹老师说过一句话颇有道理：“你穿得美丽得体，别人记住的是你的人；你穿得邋里邋遢，别人只会记住你身上邋遢的衣服。”

教师是一个很特殊的职业，三尺讲台，我们面对的是幼年、少年或是青年时期的孩子们，他们或稚气可爱或青春洋溢，对美好的人和任何事物总是更加欣赏与热爱。他们对教师的喜欢与厌恶，有时甚至会直接影响他们对该学科的爱憎。

央视著名节目主持人杨澜一直以为拥有好的成绩和能力就可以一路所向披靡，但是她在英国的一次经历彻底改变了她的看法。某次面试因为她的随意穿着泡汤了，心情抑郁低沉的她披头散发，睡衣套大衣就出门去一家咖啡馆。当时咖啡馆的人很多，她的对面坐着一个像女王一样优雅、尊贵又精致的英国老太太。老太太看着她，什么话也没说，用便笺写了一行漂亮的英文字给她：洗手间在你的左后方拐弯。老太太漂亮的高跟鞋和杨澜老旧的睡裤形成鲜明对比。

形象是永远走在能力前面的。洗手间看到邋遢的自己，她忽然意识到，自己的邋遢不仅是对自己的不尊重，还是对别人的不尊重。我们作为教师，打扮得优雅得体，学识丰富，教法灵活、创新才是对教育的尊重，更是对学生的尊重。

杨澜说：“没人有义务透过你邋遢的外表，去发现你优秀的内在。”我们一再强调，不要过分关注一个人的外表而忽视了其内在的品质，但我们也要认识到，一个人的名字，是一个品牌，是一个人的形象，是一张名片。衣着得体、外表端庄是他对人的尊重，也是他自我成熟的表现。在这个看脸的世界，别相信什么“好看的皮囊很多，有趣的灵魂很少”，其实才貌双全才是人生赢家，穿着得体、优雅才是教师该有的样子。

第四十八篇　放假了，对抗焦虑、无聊、实现弯道超车最好的方式是……

无论是周末休息、小长假，还寒暑假，放假时最难打发的就是时间，最难对抗的是焦虑，最难排解的是空虚和无聊。

叔本华认为：“人生就在痛苦和无聊之间摇摆，但是优秀者是可以跳出这个摇摆的。人的精神思想越优越和显著，留给无聊的空间就越小。”

优秀的人在认知方面惊人的雷同，作家周国平认为：“闲暇之于每个人的价值是和这个人自身的价值对等的。闲暇带来的是充实还是无聊，取决于一个人的内在是丰富还是贫乏。”

那么，躲避假期焦虑、无聊与孤独的“坑”的必杀技是什么呢？

毫无疑问，是读书，多读书，读好书。作家梁晓声就是用读书对抗孤独，他认为读书可以使人具有抵抗孤独的能力。

在读书可以有效对抗孤独方面，日本教育学家斋藤孝在《深阅读》里表达了同感：“只要能用读书填满独处的时间，就能减轻内心的孤独感。”

读书有多美好？杨绛先生将读书看作诗意的旅游：“因为我有很多书，有书就不孤独。我现在是一个人，可是我并不感到孤独，我的亲戚、朋友对我都很好，我和阿姨相处得也很好。而且我看很多书，就像到处旅行一样。”

毫无疑问，一个善读书、见世面、守良知的人，走到哪里都会受欢迎。

世界著名管理大师彼得·德鲁克（Peter Drucker）说过：“一个人的学习能力，才是他的核心竞争力。”其实，无论是在学校，还是在社会，读书引领我们的是宝贵的知识阅历之旅，使我们拥有高级的思维方式，有处理问题的高智商和情商，这些是我们实现阶层跃升，更好实现人生价值的基石，是一个人在现实世界中的核心竞争力。

为什么要不断提升自己的核心竞争力？

人与动物最大的不同，就是人能不断成长，不断提升自己的能力，不断突破自己的极限。通过读书，人可以提升认知，实现“自我反思”，学会检讨自己的短板，清醒地认识自我、审视自我，更好地实现自我定位，明确人生方向；人通过多读书和反复的“刻意练习”，强化琢磨、实践、改进思维模式；通过读好书，人了解和模仿更优秀的人，实现“自我加压”，主动跳出自我的微小圈子，不断扩大能力圈。核心能力提升了，人能做事的范围就扩大了，能做的事情多了，成功的机会就多了，谱写美好人生诗篇的前景就更光明了。

假期是一个实现逆袭、进行弯道超车的绝佳时机，我们通过读书可以成为更好的自己：远离短视频轰炸，摆脱各种焦虑，寻得一方净土，变得知识丰富，内心丰富，气质儒雅。刘向说：“书犹药也，善读之可以医愚。”

何时读书最佳？著名书法大家颜真卿告诉后人：“三更灯火五更鸡，正是男儿读书时。”纵然慵懒的假期不该早起，你美美地睡到自然醒后，伸个大大的懒腰，呼吸着阳光的味道，吃着 brunch（早午餐），打开罗曼·罗兰的《罗兰小语》，喝上几碗美味的心灵鸡汤，岂不美哉？

读书有什么好处？

读书可以使人摆脱语言贫乏、写作文抓狂的窘境，可以使人妙笔生花，正如诗圣杜甫说：“读书破万卷，下笔如有神。”

而且，读书是件很美好的事。

读书有多美好呢？单单一个女子捧读书本的样子，就如清雅的栀子花般芬芳，似纯洁的白莲花般美好！持之以恒地读书可以使人养成敬畏的精神。读，而知不足。这个世界上可以让我们顶礼膜拜的大师太多了，他们让我们从心底升腾起无边的敬意，我们不由自主地有了洗耳倾听的姿态。

读书，让我们知道了天地间有很多奥秘，而且知道还有更多的奥秘等着被我们了解，我们觉得自身的渺小，变得谦卑，不敢用目空一切的眼神睥睨天下。

不读书会影响人的容貌，会使人变丑！《格言联璧·学问类》中“鱼离水则身枯，心离书则神索”告诉我们不读书的人精神会变得贫乏。

读书，是头脑最好的武装，它让人思想独立、性格开朗、眼光独到。读书，可以使一个人获得打破命运禁锢的契机，读书获得的知识储备，会铺就通往光明前途的鲜花之路，通过读书所提升的认知高度，托举的是人生的高度。你读的每一页书里，都藏着你未来发展的向度、高度和广度。

第四十九篇　教师，请慎重选择善良

英国哲学家、逻辑分析哲学的主要创始人，世界和平运动的倡导者和组织者罗素说：“若理性不存在，则善良无意义。”

资助学生反被讹，被嘲笑是为了“博眼球”；救助遇险儿童却被指责“咸猪手”；关注困难群体成“作秀”；加班加点义务给学生答疑解惑反而被家长投诉……这些不被理解的背后，往往是随着而缺乏锋芒的“善良”。

越来越多的负面事件，给善良蒙上了一层阴影，似乎没有比成为一个善良的人更吃力不讨好的了。

真正有大智慧的教师，从来都不会随便“善良”，而是牢牢地握住善良的度，守住善良的底线。

知乎有一个提问：“什么是真正的善良?”下面一高赞回答说道：“善良有三层含义：第一层，利己，但不损人；第二层，利人，但不以损己为代价；第三层，实现利人与利己的高度统一。”

生而为人，我们的确要保持一颗善良的心，但是对他人行善之前，要看看自己是否管好了自己。

中国现代作家、文学翻译家杨绛说过：“我们曾如此期盼外界的认可，到最后才知道，世界是自己的，与他人毫无关系。”

这让我不由得想起大衣哥的遭遇。

善良一旦没有限度，只会成为害人害己的利器，没有人会在无偿的给予面前一直心怀感恩，更没有人有能力一直无偿地付出。

《偷影子的人》里有这样一句话：“你不能干涉别人的人生，就算是为了对方好。”有效的善良，应该建立在不干涉对方生活的基础上，恰到好处地解救他人于危难，而想要通过善良之举去改变对方的人生，侵入对方的生活，则是冒失行为。

停止好心办坏事，我们做善良有度的教师，不被误解，与学生、家长和谐相处，使教学成为自己最快乐的事！

第五十篇　夸学生，怎一句“你很聪明”能解决？

美国的一些研究人员让一所幼儿园的孩子解决了一些难题，然后对一半的孩子说：“答对了 10 道题，你们很聪明。”对另一半说：“答对 10 道题，你们很努力。”

他们接着给孩子们两种选择：一种是可能出一些差错，但最终能学到新东西；另一种是有把握能够做得非常好。

结果，三分之二被夸聪明的孩子选择容易完成的；被夸努力的孩子 90% 选择了具有挑战性的任务。

这是一个值得我们教师深思的问题：该如何夸赞自己的学生，怎样的夸赞才夸到了点儿上，怎样的赏识教育才能达到最佳效果？

如果教师的称赞总是千篇一律的“你很聪明”，学生会觉得教师的夸赞不走心，甚至言过其实，觉得自己不配这样的赞美。他们会怎么办呢？那就是在你刚刚夸赞完他的时候，他就做出令你头疼的事情，以示自我认知的“真诚”。

所以，有效的称赞才不浪费学生成长的契机。

教师有针对性且走心地表扬其具体行为，会让学生更容易理解与接受，并且学生知道今后应该怎么做，具体努力的方向是什么。

教师笼统地表扬学生的人格：你很聪明。这会让学生无所适从，只能让学生觉得好成绩是与聪明画等号的，会变得“自负”而非“自信”，另外，他们面对挑战会采取回避的方式，因为他们不想出现与聪明不相符的结果。

学生只是答对了一道题或者某次考试成绩好，教师对其高兴地夸奖：“你真棒，太聪明了！”不如告诉他：“你很积极，每天都很努力，从不放弃自己的梦想，我为你取得的进步而骄傲！”

以下是 我表达夸奖的方式，大家看看是否夸到了点儿上？

1. 采用“展望激励”式夸奖，夸学生要在事后，不要在事前

例如：老师觉得你读后续写得很好，赶紧写一篇吧。不如说：只要你像现在这样多读书，多看英语故事，多做模仿练习，你的作文会写得越来越有文采的。

2. 用列举具体的行动代替口头上的敷衍

例如：老师相信你是有能力当班长的。不如说：你和同学关系处理得这么好，而且积极完成老师分配的任务，甚至有时超额完成，老师相信你有能力胜任咱们班的班长的。又如：听老师说，你肯定能学好英语。不如说：你最近一直在专心学英语，勤于思考并经常提出有针对性的问题，还虚心请教老师和其他同学，这样努力下去，你肯定会把英语学好的。

3. 少夸长相、智力，多夸努力和学商

例如：你真漂亮、聪明。不如说：长得漂亮不如学得漂亮，你若一直努力，最终会内外兼修，拥有真正的美！又如：你比其他同学聪明。不如说：大家智商都差不多，但是你更有学商（智商+情商+逆商）。

4. 夸奖由衷而发，不能“惯性”出口

学生学非谓语动词时，说：你学得真好！不如说：非谓语动词是语法中比较难的知识点，但只要你多多练习高考真题，积累错题，错题不再错，会的题不错，难题敢做，多总结归纳，举一反三，一定会完全征服它的！

5. 用美好期待代替否定与贬低

例如：某某同学都做对了，你怎么还错了？不如说：没有谁是天生就会的！你有自己的优势，相信自己，踏实学，老师相信你一定会成为更好的自己！

6. 用尊重对方的理智建议代替命令式强迫执行

例如：会也得做，不会也得做。换成：你可以不做，但是你错了的话，成为 winner（胜利者）只能等到下次考试了，如果你一直拖延，高考定会成为 loser（失败者）的。又如：我说你不对就不对，你必须听我的。换成：哭闹和逆反解决不了问题，有理走遍天下，无理寸步难行！欢迎你用道理来说服老师。

7. 用偶尔的示弱代替强令

例如：同学，你难道不知道帮老师操作一下白板吗？换成：老师落伍了，还是需要年轻人长江后浪推前浪啊。又如：这点东西都记不住，你们笨死了。不如说：你们怎么能记住那么多明星和网红的名字呀，老师就不行，快告诉我，你们有什么记忆诀窍吗？

8. 用“有时”代替“总是”

例如：你总是犯错。不如说：有时粗心是正常的，人非圣贤，孰能无过？

但不能在同一条河里多次翻船。又如：你们总是让老师不省心。换成：你们有时让别人操心是正常的，谁没年轻过呢？但要学会创新，拥有独立的见解。

总之，夸学生，方法多，方法得当“慧”开花！

第五十一篇　我是教师，我骄傲！

科幻作家刘慈欣，因其作品《三体》三部曲在中国广受欢迎，其作品也被翻译成多种语言，在全球范围内产生了深远的影响。他在《乡村教师》里给了一个颇为浪漫、神圣的解读：“他们有一种个体，有一定数量，分布于这个种群的各个角落，这类个体充当两代生命体之间知识传递的媒介。”

我是一名高中英语教师，和祖国千千万万教师一样，一根粉笔，三尺讲台，寒来暑往，以灵魂唤醒灵魂，用智慧点燃智慧，为一代又一代的学子提灯引路，殚精竭虑，无怨无悔。

又是一年教师节，一朝沐杏雨，一生念师恩。在孩子们和家长们声声地祝福声中，我感恩生命里遇到的每一位教师，他们是我生命中的贵人。桃李无言，明月随心；盛行千里，不忘师恩。

想起英国作家查尔斯·兰姆说：“老师，假如可以这么说的话，必须是一个浮光掠影的博识者。”世界很大，宇宙广袤无垠，充满未知，我们教师何妨化作孩子们求知的灯塔，为他们驱散迷雾，带领那些求知若渴的灵魂遨游知识之海，览宇宙之神妙。

从教 28 年，我依然喜欢这样的文字：“教育就是一棵树摇动另一棵树，一朵云推动另一朵云，一个灵魂唤醒另一个灵魂。”

读懂世界，阅尽远方，只因我曾经的老师们帮我托起了梦想。曾经在青葱少年时不懂的恩师良苦用心，现在于我却字字如珍。

喜欢极了《人民日报》教师节的金句：人生没有送分题，好在您曾教过标准答案。

很庆幸，我如今成了曾经的你，教育的天空天气很好，我们在阳光照耀下，带孩子们走进了世界，一届又一届。

一轮明月，两袖清风，三生有幸，相伴一程。看遍春花秋月，莫等闲，倾一生情痴，换桃李争艳。

我是教师，我骄傲！

第五十二篇　把奉献与爱心熔铸在平凡的事业中

——访河北省特级教师张春花　本报记者：廊坊日报社赵然

教师是太阳底下最光辉神圣的职业，这一职业需要一大批德才兼备、默默奉献的敬业者。“十年树木，百年树人”，一旦投入其中，奉献精神将成为其生命驿站的主旋律。当张春花考入师范院校时，她就深深地爱上这一职业，并立志将来要做一名优秀的人民教师。

1995 年毕业后，张春花毫不犹豫地走上了教师这个岗位。20 多年的风雨磨砺，使她由教育战线上的一名新兵成长为河北省特级教师、正高级教师，荣获河北省、市级学科名师、骨干教师、先进德育工作者等荣誉称号。她服务社会，疫情防控期间义务为学生疏导心理，撰写几万字的文章指导孩子们的学习和生活，社会反响良好。她的文章被“山西德育”“曲一线科学备考”公众号刊载，她接受了《廊坊日报》记者的专访，专访内容刊登在了 2019 年《廊坊日报》上。

如下是专访的内容。

一、教学上精益求精、大胆创新、与时俱进，及时学习和接纳国内外最新的教学理念和教学方法

她被河北省电化教育馆聘为“河北省信息化创新应用专家库”专家。她还担任南开大学张文忠赋权增能外语创新教育张春花英语名师工作室主持人；廊坊市教师资格证面试考官；山西德育“张春花谈德育”特聘主持人；曲一线集团中学名师工作室联盟认定的“张春花名师工作室”主持人。她在“数字化、优秀教师人才交流”群的“优秀教师关注”公众号上发表包括《优师中国说》等教育文章 300 多篇，得到社会、同行、家长和学生的广泛认可。她在教书育人平凡的岗位上奉献着一名普通人民教师的火热情怀与赤诚的爱心。

张春花老师从教高中英语 20 多年，虽为英语教师，但痴爱我博大精深、源

远流长的中国文化！

身为师者，她时刻倍感荣光，不敢忘师之责任重大。为提醒己之责，她每日诵读梁启超先生的《少年中国说》，读到高潮处，每每热泪盈眶，热血沸腾！

故心生一念，模仿梁启超先生之笔，作《优师中国说》以激励自己和同行教师们，共担我中华教育之大业，扬我国威，共创最优教育！

优师中国说

宇宙浩渺，天地茫茫，中华教师，顶天立地当自强。

故今日教育之责任，不在他人，而全在我中华教师。

教师智则国智，教师仁则国仁。

教师强则国强，教师卓越则国卓越。

教师负责则国有望，教师进步则国进步。

教师胜于欧洲则中华教育胜于欧洲，教师优于世界则中华教育优于世界。

华日东升，其道大光；后浪层出，乘风破浪；

巨龙腾渊，鳞爪飞扬；教育优先，百业辉煌；

后生可畏，气宇轩昂；中华奇花，世界芬芳；

九州大地，教育兴邦；天戴其苍，地履其黄；

纵有千古，横有八荒；中华光芒，世界震惶。

美哉，我教师中国，与天不老！

优哉，我中国教师，与国无疆！

二、爱心感化，做好班主任工作

班主任，常被人戏称为“世界上最小的主任”，但张老师始终认为，权力虽小责任重大。当班主任难，做一名优秀的班主任更难。在多年的班主任工作中，张老师始终坚持“爱是开启心门的钥匙”。“班主任工作关系着一个学校的兴衰，如何做好班主任工作，如何避免职业倦怠，如何与时俱进处理好与学生、家长的关系，是门艺术，但最重要的是教师要真心爱学生，像爱自己的孩子一样。”张老师介绍说。

张春花现任教廊坊市第七中学，从教 20 多年，任教高三 15 年，任班主任工作 18 年，一直担任高中英语教师。2005 年，张老师带的是理科班，男生较多。有的学生贪玩，有的学生缺乏信心，有的学生目中无人，好高骛远。她看在眼里急在心上！多次的说服教育收效甚微，她于是开始转变策略。工作之余，张老师从一些报纸、杂志上收集一些名人教子的故事，然后精心加工整理，适时发到有类似问题的学生手中，并暗中观察他们的反应。有一位叫胡建波的学生，逆反心理特别强，家长的苦口婆心、教师的循循善诱对他都无济于事。可这次，张老师几乎未用一言一语，却让他“浪子回头”！下课时，他悄悄找到张老师诚恳地请求：“老师，我坐到第一排可以吗？我不想再这样玩下去了，我要重新来过！”果然，他的学习状态有了明显的改变，成绩也突飞猛进。

三、“班主任热线”连接了彼此的心

传统的教育管理比较注重学生外在行为的指导，而现代教育更重视对学生心灵的关怀，心理健康教育就是现代教育的一个重要内容。几年前，张老师感到自己在这方面有所欠缺，于是她找来大量心理健康教育方面的书刊，如饥似渴地学习起来，研究学生心理发育的特点，并开始实施心理健康教育。首先，她给学生提供了情感沟通的渠道——班主任“心灵热线”。这个热线不是靠电波连接，而是靠文字，学生可以把自己心里的困惑、苦恼用笔写下来。“班主任热线”有两条：一是班上专门准备了一个硬皮本，命名为《心声》，学生可以在上面自由发表自己的见解。二是学生还可以通过周记或者写信等形式，将内心感受直接传达给班主任，而张老师则认真读学生的“心声”，并及时给予答复。张老师坚持所有回复不得超过一天。班主任心灵热线，以其双向互动、反馈及时、隐秘性强等特点，大受学生欢迎。“热线”反映了学生很多的心理困惑，有时回答起来还真不轻松，张老师于是为了一个问题要多次查阅资料，或向别人请教，但这个过程也让她发现了许多学生心中隐性的障碍，并及时加以疏导，避免了很多消极事件的发生。

四、言传身教，用热爱回馈学生

一直以来，张春花无比热爱教育事业，热爱班主任工作，更爱自己的学生，立志当好学生的引路人。刚刚来到廊坊市第七中学时，张老师便开始担任班主任工作，为了制定切实可行的管理办法，她便买回一箱方便面放在办公室里，每天下午一放学，凑合啃上一口方便面，就马上配合学校有计划地开展家访工作。她曾经无数次出资、捐物帮助家庭贫困的学生，还出资救助煤气中毒的学生。深受感动的家长曾写感谢信到廊坊市教育局，送锦旗给廊坊七中的领导和教师们。家长们和学生们都说：“遇见张春花老师，做‘花花儿老师’的学生是幸运、幸福的。”正是这样的坚持，她与学生们建立了亲密的师生关系。随后，她又根据情况，制订工作计划，设计好工作的方式方法和内容。在实施过程中，她更是尽自己最大的努力了解学生所需，帮助有困难的学生，并充分发挥班干部的小助手作用。功夫不负有心人，经过半个学期系统而又扎实的工作，一个团结、有效率的班干部队伍建成了，亲密和谐的师生关系建立起来了，有着良好的班风、学风的班集体形成了。教师们不禁向她伸出了敬佩的大拇指，校领导也说出了发自内心的赞语。凭借着这样的管理经历和经验，张春花又连续担任了4届毕业班班主任，她所带的班级也被评为省市级优秀班集体，多次被评为校先进班集体，她个人也多次被评为省、市、校优秀班主任和优秀辅导员。

张春花觉得一个学生对教师最好的评价是这样的：

因为你，我想成为更好的自己！
因为你，我努力成为更优秀的自己！
因为你，我希望每节课都是六十分钟，每一秒钟都万分珍惜！
因为你，我更加热爱祖国、父母、师长、亲人、朋友和我自己！
因为你，我爱地球，胜过我自己！

张春花老师微笑着说，这是她觉得教育最好的样子。如月之恒，如日之升，如南山之松柏，是张老师的人生格言，也是她践行的教育理念！

她说：“用自己的能力和智慧去帮助和影响他人，服务大众，回馈社会，是最幸福的事。”小女子，大情怀！如果我们的每位教师都成为最优秀的自己，那么最大做强中国的教育就指日可待，我们中国的教育就会更优质，我们的国家就会更强大！我们的民族就会更加有希望！

第五十三篇　让心灵如沐春风

原载于：《山西德育》2020-03-04 德育专栏

——《专家在线谈德育》（二）

时光荏苒，岁月流逝，转眼间，我已经在教育这片沃土上走过了二十几个春秋。多年的班主任工作更让我感触良多，这里既有成功的喜悦，也有失败的教训，但我最大的感触是充实。班主任是一群与心灵打交道的人，面对的是几十个活生生的、充满活力的学生。多年来的班主任工作，我得到的基本认识就是在教育教学工作中，不但要晓之以理，还要动之以情，不但要持之以恒，还要导之以行，用自己博大的情、无私的爱唤醒他们的良知和行动，使他们向着自己的理想进发。

著名诗人何其芳说过："以自己的火点燃别人的火，去以心发现心。"这句话借用到育人上，那就是要善于捕捉契机，去拨动学生情感的琴弦，奏出动人的乐章。

人间第一情

父母之情是人间第一情，养育之恩当涌泉难报。现在高中阶段的学费虽不算太高，但对不少并不富裕的农村家庭来说也是一个相当沉重的负担，复读生有的还要多花一些钱。我班就有这么一些同学，拿着家长的血汗钱，甚至是东拼西凑借来的复读费，学习上不求上进，纪律上松松垮垮。为此，我召开了一次以"须知求学不易，体恤父母情深"为主题的班会，并印发了一位复读生张淑娟的作文《为家为母亲》，其中有一句话是："丝丝百发儿女债，历历深纹岁月痕；我的辉煌就是家和母亲的辉煌，为家为母亲我要好好学习。我要用自己的努力让母亲站在让乡邻羡慕的高峰上。"会后，同学们无不暗自发愤图强。

母亲节，我又找了几个成绩优秀，但家庭较困难的学生谈了他们的心得感受，最后进行了总结：每个家长都是为了孩子有个光明的前途而甘愿自己多吃苦多受累，这是天底下最无私的奉献，因此每个同学都应该明确自己的责任和目标，要把这种精神转化为决心和动力，时时鞭策自己不松懈。很多学生表面平静如初，但在内心里都掀起了波澜，学习上明显下功夫了，有的早晨四五点钟就到教室里学习，以前自由散漫的几个同学也踏实了许多。

同时，我还和语文教师一起，用作文激发学生的情感。开学初，我们布置了作文《重回起跑线》。很多学生痛定思痛，写出了自己发自真情的文字。我记得讲评时王慧同学那低沉压抑的愧疚之情和破釜沉舟、背水一战的精神，竟使不少同学眼圈发红。看到这次作文引起的强烈共鸣，我们又陆续出了几期应时情景作文：《大浪中没有浮萍》《亡羊补牢犹未晚》《成功源于奋斗》等，进行意志品质、踏实精神以及树正气、讲正义的教育，加强了班集体的凝聚力，促进了良好班风的形成。

班主任应是学生的良师益友，情感的沟通是架设在师生心灵间的桥梁。我常常与学生进行文字谈心，有时会收到意想不到的效果。学生江某两度落榜，信心不足，我特意用精美的信纸给她写下了这样一段文字："失败是挫折，也是考验，要坚信花落总有重开日，尽管前面有风雨。"我将其作为生日礼物送给她。该生很感动，表示要风雨兼程好好学习。苦心人天不负，她终于如愿考上了重点大学。另外，我还给自命不凡的高金良同学写了"弃燕雀之小志，慕鸿鹄而高翔"，帮助他迷途知返，虚心向上。2003 年暑假，我收到曾经被感情困扰的殷红同学的来信，她写道："老师，是您给我的那张便条帮我跨进了大学的校门，'不要让自己充当悲剧的主人公'这句话我将永远记在心里。"

凭一颗火热心，怀一腔真挚情，无论岁月如何流逝，真情不变，爱心不变，奉献不变，这是我作为一名教师的基本信条。在我们农村，许多同学的家庭条件不好，有的同学时常忍饥挨饿坚持学习。记得 1998 年我任班主任时，我了解到贫困生张某每天只能以馒头充饥，一个月来很少吃菜，周末我便把他叫到家里，亲手给他包了水饺。我记得他说："老师，您包的饺子真好吃，我吃了 50 多个。"几年来，我数不清有多少贫困生成为我家饭桌上的一员。课上我是严肃的教师，课下我与同学们是知心的朋友。现代社会，单亲家庭很多，对这些学生的关注是班主任必须面对的现实。学生穆志宁，成绩优异，父亲因车祸过世，家境贫寒，高一时几度想辍学，高二分到我班。每每想起家长渴求的目光和学生瘦弱的身体，我都会感到阵阵心痛，"可怜天下父母心"。一方面，我经常找他谈心，鼓励他树立信心；另一方面，我在生活上默默地帮助关心他。在我的帮助下，学校为他免去了几百元的学费，我还与其他教师一起长期资助他，使他免去后顾之忧。今年寒假归来，我收到了他放在我抽屉里的一封信："老师，我是不幸的，因为我过早地失去了父亲，一贫如洗；我又是幸运的，是七中给了我生存的力量，是您的促膝长谈让我重新燃起生活的勇气，使我坚信：'阳光总在风雨后。'我记住了您的话，放心吧，老师，我不会让您失望的！"这或许只是小事，然而真心的关怀如雪中送炭，生活在一个充满爱的集体里，谁会不心存感激！有人说过，教师从事的是一种播种快乐和爱的事业，是天底下最美丽的职业。我的回忆里，总是能浮现出学生那一双双闪着泪花的眼睛，我知道，那就是感动。同样，看着他们在情感的熏陶里，在爱的奉献里由株株幼苗长成参天大树，我会更加体验到生命的充实，也在默默地静守中享受淡泊和宁静。

言传身教

当然作为教师，我还必须用自律精神去感召学生，用"无私奉献，甘为人梯"的精神来实现"身教重于言教"。执教以来，我多年如一日，要求学生做到的，自己首先做到，要求学生"轻伤不下火线"，自己有病输液也绝不耽误课程。无形之中，教师的这些言行，对学生也是无声的教育，它时刻提醒学生：执着前行。

一分耕耘　一分收获

回首过去，我深深感到：一分耕耘，一分收获；几滴汗水，几多希望。看到同学们拿到录取通知书时灿烂的笑脸，这也是我最大的快乐。教育教学过程是教师与学生心灵交流的过程，教师与学生手相携，便会风雨同舟，心连心，便会齐心协力。师生之间沐浴着爱的阳光，流淌着爱的清泉，还何愁花不红柳不绿，何愁春色不满园！

第五十四篇　《华尔街日报》商业畅销书作家卡尔加德：人生是一场马拉松，每一个大器晚成者都是潜力股

里奇·卡尔加德（Rich Karlagard）何许人也？

他毕业于举世闻名的斯坦福大学，是《福布斯》杂志的发行人。他在《福布斯》就职27年间，撰写了关于科技、经济、商业和领导力的许多文章，以其对商业和领导力问题的机智评价而闻名世界。

卡尔加德，作为一位成功的企业家，还长期担任有线电视台广受欢迎的商业秀节目评审专家。他与人共同创办了车库科技创投公司网站和硅谷著名的丘吉尔俱乐部，该俱乐部是一个拥有7500名会员的商业论坛。

卡尔加德曾获得安永国际会计公司“年度企业家奖”，并于2004年出版了《大器晚成》一书，该书成为《华尔街日报》的商业畅销书。

纵观他的传奇人生，我们不难发现：世间每个人其实都有属于自己的花期，或早或晚，都会迎来绽放的春天。我们需要做的是努力向前走，其实人生最坏的结果，只不过是大器晚成，人生永远没有太晚的开始。

我国当代著名作家莫言，获得诺贝尔文学奖时已经57岁，距离他开始写作，已经过了整整31年。获奖之后，他沉寂了整整8年，被许多人讥讽为“江郎才尽”，最后他又凭借《晚熟的人》王者归来。

莫言告诉世人：“别人怎么对待你，并不会改变你的价值，只会影响你对自己的认知。所以就算有人把你捧上天，也不膨胀；就算有人把你踩在脚下，也不要以为自己是烂泥。”

在《晚熟的人》一书中，他写道：“晚熟的人，到了合适的时候，出现了能让他展现才华的舞台，他便会闪闪发光的。”

美国作家里奇·卡尔加德与莫言的这种观点，完全契合。他在名作《大器

晚成》一书中写道："大器晚成者指比预期较晚发挥潜能的人，他们通常具有自己或他人起初没有看到的天赋，却会以出人意料的方式发挥自己的潜能，让身边最亲近的人都大吃一惊。"

其实，人生是一场没有终点的马拉松，拼的从来不是速度。他们即便在人生前半段"碌碌无为"，也并不打算迎合父母或社会的期望选择随波逐流，而是按照自己的想法和步调，稳扎稳打，厚积薄发，以自己独有的方式实现人生的终极目标。

我们很多人都被作家张爱玲的那句"出名要趁早，来得太晚，快乐也不那么痛快"影响颇深。张爱玲的确有说这句话的资本，她曾被作家白先勇称为"不世出的天才"。她9岁开始写小说，17岁就发表了小说《霸王别姬》，23岁以小说《沉香屑》在上海滩一炮而红……

鲜为人知的是，张爱玲的身世背景也非同寻常。她生于名门望族，外曾祖父是清朝直隶总督、两广总督，北洋大臣李鸿章。她的祖父则是曾与张之洞齐名的清末名臣、曾任船政大臣的张佩纶。

如你我一样的万千大众中的普通人家的子弟，相貌、天赋、才智一般，又没有政治、家世背景，如果盲目跟风，渴望尽早功成名就，好高骛远，最终往往一事无成，成为被时代淘汰的"炮灰"。

看看周围的一些年轻人，30岁没做出成绩就焦虑、迷惘、不安，40岁就喊着自己老了，感觉人生无望了，甚至有20多岁的年轻人没开始奋斗就直接"躺平"了……

在这个快节奏的时代，亘古不变的道理依然是梦想从来不晚。脚踏实地地建立自己的根基，始终眼里有光，心怀梦想，走一条踏踏实实的优化自己、升级人生之路。

我国著名国画大师齐白石，27岁开始学画，56岁才成名；姜子牙32岁的时候，上昆仑山出家修仙，但天资不够，修道40年都没有成就，后被元始天尊退学，72岁历经4次创业的失败，才偶然间赢得了周文王的赏识，当上国师，80岁才被后人尊为兵家宗师、武圣、百家宗师；越王勾践，卧薪尝胆16年，47岁才打败吴国；吴承恩直到年过半百才开始写《西游记》；刘邦47岁的时候在沛县起义，历经4年的楚汉战争建立西汉，成为历史上有名的皇帝汉高祖。

据史料记载，苏轼的父亲苏洵，年轻时读书不努力，常和一帮朋友游山玩水，直到27岁方有所觉悟，发奋学习。苦学了一年多之后，他去考进士，结果却名落孙山。他此时才认识到，学习并非易事，非下苦功夫不可。他谢绝宾客，一心只读圣贤书，夜以继日，手不释卷，苦心孤诣攻了五六年，才终于文才大进，下笔如有神，顷刻数千言，最终成为“唐宋八大家”之一。

我们的人生，总是充满了各种变数，但也存在着很多的机遇。当我们灰心丧气、消沉抑郁时，我们看看沈腾的经历。他年轻时未能赶上美少年受追捧的浪潮，人近中年时才异军突起，于喜剧领域大放异彩，实现了大器晚成的逆袭。

如果你是一名商人，经营中被骗了 200 万元，又遭国企南油集团除名，你的妻子也离你而去，老爹、老娘、一双儿女以及 6 个兄弟姐妹还等你养活接济，你会怎样？你如果选择了不放弃，靠着和亲朋好友借的钱，在深圳湾畔一个杂草丛生的地方以 2.4 万元注册了一个技术有限公司，不折不挠，43 岁的你撸起袖子自己搞研发，那么恭喜，你走的是华为公司创始人任正非当年走的人生路！任正非用 27 年把华为带到通信行业里的世界第一位！

曾经的联想公司控股董事长柳传志，从拉板车、当“倒爷”开始，两次被骗 300 多万元。再看看这个人，他 73 岁进监狱，74 岁出狱种褚橙，88 岁逆袭成亿万富翁，他就是褚时健，“中国烟草大王”、云南冰糖橙品牌“褚橙”创始人。摩西奶奶，曾经是一名家庭主妇，76 岁开始画画，90 岁作品畅销美国及欧洲。

年龄永远不该成为束缚我们的外在枷锁，我们不妨用焦虑、内耗、悲伤、自怨自艾的时间找到自己内心的热爱，找回坚强，生命的热情就会被激发出来，我们最终以成功的姿态华丽绽放。

人生，扛住了，你可能也如这些大老板一样，书写的是世间的成功传奇。

莫言说：“人生没有太晚的开始，只有太早的放弃。你起步晚，未必没有好发展；你在人后，未必一直不如人。在原地侃侃而谈，未必有成绩；在途中全力以赴，一定有收获！”

第五十五篇　特级教师怒怼：你给钉钉评分那么低，都是因为你在宠溺你自己！

新冠疫情发生后，全国各地的中小学生第一时间就用上了钉钉、腾讯会议、腾讯视频等线上学习软件。所有的学校都迅速地利用这些软件组织起了“停课不停学”的线上教学。这些软件如此高效，腾讯功不可没！

可是，随着网课的深入开展和软件的持续使用，它们越来越不受欢迎，成了学生们谩骂的出气筒！前一段，钉钉甚至因为评分过低差点遭遇下架的危险！这实在令人感到无奈和惋惜。

我只是一位普通的高中教师，也要天天忙着上网课。我敬佩腾讯人的大爱与专业精神，爱腾讯推出的这些免费软件，感激它为孩子们疫情中的学习保驾护航，为祖国的教育事业做出的无私奉献！

我是一名从教 20 多年的高中英语教师，我爱我的学生们，希望他们各个能成才，希望我们的国家拥有美好的未来。

凭着良心，我想对全国咒骂钉钉和腾讯学习软件的孩子们说，你们恨它们，只因为你们事实上在宠溺自己！其理由如下。

无论是腾讯会议还是钉钉之类的线上学习软件，它们的打卡和在线监控点名功能，让你们懒觉睡不成，让你们小差儿开不成，让你们漏交迟交作业不成，所以你们恨它们，超级恨！

你们理想的假期是睡到自然醒，早饭延至中午吃，尽显慵懒随性，听着音乐哼着小曲做作业，浑身自在，或者等到即将开学时，怀着狂补作业的侥幸心理，觉得刺激又着迷。可是，有了钉钉这样的软件，你们的所有梦想和期待全被无情打乱，所有的怨气统统变成了疯狂吐槽与抱怨，还夹带一股恶作剧般的黑心评分的畅快淋漓之感，巴不得它们全部下线。

钉钉在你们眼里就像恶魔，它残忍地夺走了你们盼望已久的睡到自然醒的美梦，剥夺了你们偶尔不交作业的小窃喜，灭掉了你们上课偷睡的气焰！早读、正课、课时训练、在线沟通与打卡，让你们上天入地都无法避免。它就像一个严厉到没有丁点人情味儿的霸道家长，黑着脸，拿着戒尺时刻监视着你的一举一动，时时刻刻让你学习。天天如此，周末都不休息，毫不厌倦！关键是即便是天底下再严厉的老爸、老妈，他们也还有打盹儿、心软不管你的时候，可它没有，它只是个软件，是个冷冰冰全方位 360 度无死角的高品质软件，它让你们无处可逃，有苦难言！

你们竟然发现自己如今是那么地渴望返回校园，想曾经训过自己的教师，想在心里咒骂过一万遍的严厉班主任，想食堂一给你盛饭就手抖的大姨，想又贵又难吃的食堂，想惩罚你重做卫生的宿管……所有这些，如今却那么让你眷恋与期盼！你们心里高喊："快点开学吧！老师，我想你！快点消失吧，该死的新冠病毒！我要上学！"

我知道，我说你们给钉钉评分那么低是在宠溺你自己，你心里一百个不服气，对吧？好，我问你们几个问题，请认真回答：

1. 世上没苦会有甜吗？
2. 不经历风雨，能看见彩虹吗？
3. 不付出，会有收获吗？
4. 天上掉馅饼而且正砸在你头上的事会有吗？
5. 有百分百完美的人或事物吗？
6. 世界上从古至今有人能随随便便成功吗？

好，如果上面这 6 个问题，你有一个不违背良心和认知，坦然回答是的话，你就可以继续你的谩骂了！

可是，你不能，因为你良知未泯！

你今天的谩骂与恶搞，都是因为你年轻，你没有经历过波折与历练！你喜欢跟风，别的年轻人怎么说，怎么办，你就和他们结伴同行，甚至来不及想一想，来不及做出理智的判断！

作为一名关心你们、了解你们处于青春期的教师，我有将近 20 年做班主任的经验，不得不给你当头棒喝。

醒醒吧，孩子，你巴不得钉钉下线，全是因为你的懒惰在作祟，全是因为你对自己毫无原则的宠溺与自恋！

你们的年少无知与冲昏头脑正在把你狠狠掷向时代的反面，正在让你陷入麻木、不上进的无底深渊！

醒醒吧，做回那个上进、怀揣梦想，无论经历怎样的挫折都不退缩的少年！

做回那个偶尔睡个懒觉却在成绩落后时、宿舍熄灯后还偷偷躲在被窝里看书的少年；做回那个比别人早早去上自习课却假装说失眠才起床有点早的自欺欺人的可爱少年！

让我们放下抱怨，理智地对无私为我们的学习提供方便的钉钉做出公正的评判！

让我们做最好的自己，

让我们的教育更有前途，

让我们的国家更有期盼！

让我们一起再次大声吟诵梁启超的《少年中国说》吧。

“故今日之责任，不在他人，而全在我少年。少年智则国智，少年富则国富；少年强则国强，少年独立则国独立；少年自由则国自由，少年进步则国进步；少年胜于欧洲，则国胜于欧洲；少年雄于地球，则国雄于地球。红日初升，其道大光；河出伏流，一泻汪洋；潜龙腾渊，鳞爪飞扬；乳虎啸谷，百兽震惶；鹰隼试翼，风尘翕张；奇花初胎，矞矞皇皇；干将发硎，有作其芒；天戴其苍，地履其黄；纵有千古，横有八荒；前途似海，来日方长。美哉，我少年中国，与天不老！壮哉，我中国少年，与国无疆！”

此文发表于2019年

第五十六篇　你的冷漠与旁观，正在杀死你身边的好人！

事不关己，高高挂起，这是很多人采取的一种处事态度，而且大家普遍觉得很稳妥。因为它很折中，既不伤害别人，又避免了受伤害，既对于他人无害，又能保护自身，这是多么聪明的处事原则和方式！

其实不然！

默许，貌似没有伤害他人，却无意中在纵容恶人！不制止恶行，会助长恶的泛滥，会让恶人气焰嚣张，更加无法无天！

我们身边这样的报道屡见不鲜。

公交车上，有人威胁公交车司机，肆意捣乱、影响司机正常开车。无人制止，一车人冷漠旁观。好，作恶者继续作恶，毫不收敛，气焰嚣张。结果怎样？公交车失控，撞向桥栏杆，车掉落江中，全车人遇难。

冷漠，旁观，助恶又害己，危害性超出你的想象！

事不关己，高高挂起，貌似中立，实则在助恶欺善！

歹徒正在持刀抢劫杀人，眼看受害人就要遭遇毒手，如果此时有人大喝一声，出手阻止，歹徒可能就会被吓破了胆就此打住，仓皇逃窜。毕竟，没有谁天生是恶人，作恶者心虚是必然！但是如果此时，你选择了旁观，恶者继续施恶，而且因为有了看客，增强了自信与坦然，悲剧就此发生！

所以，很多人看到社会上不公正的事情时普遍采取的冷漠与旁观在无形中伤害了好人，助力了坏人，最终害了别人，自己也很有可能会成为被害人！

恶行得不到有效制止，恶会像瘟疫般迅速扩散，而且对人、对社会精神上的侵蚀程度不亚于病毒！

比如，花季少女初中生小兰，可爱漂亮，但是在学校遭到了男老师的性侵犯。有同学亲眼看见，却因为害怕老师会给“穿小鞋”，不敢阻拦也不敢外宣。这种做法，导致这个“禽兽”老师日后更加无情地摧残少女，使花季少女备受摧残，最终可能失去生命！

事不关己，高高挂起，默许了恶人，纵容了恶行，摧残了他人！恶人被助，魔爪张开得更大，伸长得更远，你怎么能保证，被侵犯的下一个少女不会是你的女儿，那个你宝贝似的富养多年的女儿？

真到那时，悲剧酿成，你即使捶胸顿足，已是惘然！

有一种冷漠与旁观的表现，那就是人们用“木秀于林，风必摧之”来对待身边的人和事。

当你身边优秀的人受到排挤、打压与暗算时，你可以心平气和地劝慰说：“木秀于林，风必摧之。”其实这句话的意思就是你优秀，遭到摧残很正常。这是事不关己，高高挂起的辗转做法，很多人在做、在说，其实正在伤害你身边优秀的人，也会使你正在上学的孩子放弃努力，掩盖锋芒，学习成绩不敢优秀，混个中等就好了，毕竟被人嫌弃，遭人排挤，高处不胜寒！关键还在于“木秀于林，风必摧之”得到了大家的普遍认同，大家认为优秀的学生就该受这种悲惨。年轻人由此不敢优秀，放弃了追求！这句轻描淡写的“木秀于林，风必摧之”正在伤害我们的下一代，使一群本该追求上进成为栋梁之材的青少年，沦为随缘随众的平庸典范！

广而推之，大家都为了避免风之摧残，都理所当然不再成为优秀的教师、律师、工程师……

这句话实际上扼杀了上进的人才，即将成为整个社会、整个国家的大灾难！

冷漠旁观会保护自身？

不！

冷漠会让好人心寒，好人由此也和大家一样选择旁观。因此，旁观者大军浩浩荡荡，自以为很安全。

你所谓折中的旁观，实则正在杀死你身边的好人！

当恶不被阻拦，恶行必将泛滥，大家最终都会像那辆公交车里的人，无意中成了害人的人，更成了受害人！

为了他人，更为了自己，请高高扬起正义之鞭，狠狠鞭挞和制止那些小人、恶人！大家一起行动起来，恶人必将胆寒，不敢作恶多端，由此社会风气得到改善，大家彼此平安！

第五十七篇　“潜伏”在我身边的邻居居然是她！

我这里说的“潜伏”，不是余则成那种主动打入敌方阵营里的潜伏，而是站在我的角度，对住楼上七八年的邻居，居然没有丝毫认知！我们时不时碰面，偶尔寒暄，她就是中国著名诗人，“梨花体”教主。

因为生活所迫，我应聘到廊坊工作后搬了3次家。离单位近，是我考虑的第一核心要素，因为我是英语教师，每周至少上3个早读，那些年又一直担任班主任，每天都要早起，所以“近”是必须的，因为我不想耗费宝贵的时间在路上，不想每日奔波劳碌，像只悲催的工蚁。房子的价格也是必须考虑的，高了我承受不起。

所以，再三权衡，反复考察，多方对比后，我买了朋友的朋友的二手房，不需要装修，拎包入住，免去了甲醛中毒的风险。单位所在的建设北路一直向南，不需要拐弯，骑车大约10分钟，见到一个窄窄的胡同缝，拐进去看到临街的一幢6层高、80多米宽、外观米白色的楼就到目的地了，它是市农林局的宿舍楼。因为这栋楼有8个单元，所以住着很多人，大家都是不同单元里的邻居。

同一单元楼里的邻居都有谁？我很好奇，但市里邻居们都是不走动的，所以我将好奇化作行为，留意楼道里碰到的每一个邻居，观察他们，主动微笑打招呼。我一直认为，大家彼此成为邻居是件小概率的幸事，所以该感恩和惜缘。

世界人口为60亿左右，按照2023年中国人平均寿命77岁计算，一生中大约有28105天。那么，一个人和另一人相遇的可能性是千万分之一，成为朋友是两亿分之一，而如果要成为同一个楼口的邻居，我三楼，她五楼，概率大概只有十五亿分之一。

如果要刚好在各自的时间轨道里穿行时遇到交集节点，需要等待多久才能实现？一个人对另一个人说一声“你好，邻居”，需要极大的勇气，而且要消耗两个苹果所提供的热量。这一切便显得那么不简单。我们，遇到投眼缘的邻居，刚好悠闲停下匆忙的脚步，除了寒暄，还能聊几句，那是何等意外的巧合，何等美妙！

大约19年前秋天的某日，机缘出现了。

我在楼下单元门口放好自行车，一抬头，恰好撞见了一个画着优雅妆容的中年女子温婉的脸。她面部轮廓清晰分明，有点骨感，眼睛不大，眼神柔和坚定，一副黑框眼镜显得智慧，流露出一种知性美。她波浪的长发在秋日的余晖里泛着金黄色的光，健康而润泽。

她微笑着，笑容绽放在唇边，眼角有说不出的妩媚与女人味儿！她不高不矮，有点清瘦，穿着深灰色套裙，肩上裹着同色的围巾，洒脱不失韵致，朴素中透着精致，诉说着超凡的诗人气质。

“你好啊，邻居。”她的声音如清澈的溪流越过圆润的鹅卵石，干净透亮，让人舒服。她的微笑发自内心，毫无做作之感，是我喜欢的类型。

我也微笑问候：“您好，气质美女。”她哈哈大笑，笑弯了腰，身体在宽松的深灰色衣裙里微微抖动着，让我想起春风吹过紫丁香的样子。“你这个小美女很讨喜，是我喜欢的类型。”

我那时大约30岁，穿着一身白色的运动服，像个待嫁的大龄运动员。

又过来几位下班的邻居，他们很熟络地打招呼。她邀请他们有空去她家里看新添的几幅画。她特有的女子的嗓音那样有辨识度，使我进了楼道依然能毫不费力清晰地听出她的声音。“真是个特别的女子。”我心下思忖道。

这是我们第一次见面，只有短短几分钟，只相隔咫尺地说了两三句话，没有结束语就结束了，却那样深刻地印在了我的脑海里，多年挥之不去。

每个人，一生中都会有很多熟悉的“陌生”邻居，经常碰面，彼此做什么的，家里几口人，婚否，一概不知。他们搬了家，很快就淡忘了。

然而就在前两天，我从百度上搜索描写“梨花”的诗句时，意外地检索到“梨花体”，出于好奇，顺藤摸瓜，了解了“梨花体”教主赵丽华，她的简介里显示她住在廊坊，还配有多张她的照片，一看，我的记忆迅速闪回，想起来，居然就是她，“潜伏”在我五楼的邻居，那个始终占据我记忆一隅的特别的女子！

Surprise！Great surprise！我急迫地继续搜索，“度娘”慷慨地提供了所有的答案。赵丽华，女，“国家一级作家”，诗人，出生于河北省霸州市，著名梨花体诗人。她在新浪、腾讯、网易、搜狐等多家网站有博客。她是当下最具方向性、争议性和探索意义的诗人，被同行誉为“在探求诗歌感性与知性、内在复杂度与外在简约形式的切点上，有超乎寻常的把握和悟性，写作姿态随意、自如，毫无矫情、造作之态，有时从容、淡定，有时又大胆、前倾”。

其作品偏重口语风格，语言简练、风格沉着，以朴素的幽默感勾勒人与世界的关系。赵丽华的诗歌作品及仿制赵丽华诗歌风格的作品被称为“梨花体”，在互联网上拥有大量反对者、拥戴者和模仿者。

那样一位外表温婉的女子，气质独特，衣品非凡，居然是“重口味”著名诗人？我忍不住好奇心的驱使，找到了她的代表性作品。

第一首《新侠客行》：

据说古代的赵丽华不以真名传世
轻功绝顶
仗剑天涯
除非万不得已
从不出手现身

第二首《一个人来到田纳西》：

毫无疑问
我做的馅饼
是全天下
最好吃的

读到这里，我感觉到的是重重的震撼，心里有种莫名其妙的不解、不明就里的迷惑，但是忍不住还想读更多，希望借此能多少触碰到她的灵魂。

第三首《磨刀霍霍》：

先用砂轮开刃
再用砂石打磨
再用油石细磨
最后用面石定口
这位来自安徽的磨刀师傅
态度一丝不苟
手艺炉火纯青
我掂着这把寒光闪闪的刀上楼
楼道无人

我偷偷摆了几个造型
首先是切肉
然后是剁排骨
最后是砍人

读到这首诗，我突然感到毛骨悚然，一股寒意从脚底生起，直冲头顶，窜出去，让我打了个大大的寒战！我暗自庆幸多年前楼道里好多次相遇，还好，她手里没握着刀。突然，一种劫后余生的窃喜在心头蔓延开来，我释然地笑了。

这个女人，有种对整个世界歇斯底里的叛逆，那样露骨，不同寻常到近乎奇怪。

我终于懂得，她“重口味”的诗，的确名不虚传，让我有点不忍读、不敢读。梨花体，来自她的名字“丽华”，是谐音。“梨花教”即“丽华教”。她曾作诗引韩寒炮轰，大骂李敖引发争议。

第四首《傻瓜灯——我坚决不能容忍》：

我坚决不能容忍
那些
在公共场所
的卫生间
大便后
不冲刷
便池
的人

读完，我依然感觉梨花诗是那样难懂，她的灵魂始终在空中，那么遥远，人力无法触及：廊坊有佳人，特立而独行。诗作引争议，同行“异类”人。

她的诗，别人不懂，甚至被说成“口水”，但那又怎么样呢？谩骂是他们的，她又何曾在乎过呢？

据说，这世间所有的相遇都不是偶然的，都是上天刻意的安排，是不可抗拒的缘分。我们每个人的人生隧道里，都有意外地遇见，我们每个人的精神通道里都有未被开发的时间之旅。

与陌生人之间那些亲切的、不可言说的投眼缘，那些指尖的温度、客套的握手、眼光的对视、随意打招呼，都可能成为记忆里鲜活的永恒，在某个瞬间，被重逢翻起，炸裂成瞬间的凝固汽油弹。

我想，对赵丽华来说，如果人间答应她最后一个诺言，那就是被人遗忘地活着。她愿意用剩余的流年和这个慈悲的人间对抗，绝不妥协，丝毫不加任何掩饰！

第五十八篇　杨绛：读书是性价比最高的事，用生活所感去读书，用读书所得清醒地自在生活

说起杨绛先生，我眼前永远是她捧读一本纸质书，醉心阅读的样子，那是画面感极强的干净美好。

单纯从长相上看，杨绛并非美女，因为她把书读进了骨子里，有了人间最美的灵魂，不需要任何外在的修饰，普通女子趋之若鹜的化妆品和首饰在她这里反倒成了画蛇添足的负累。她就坐在那里读书，周身散发着“腹有诗书气自华。厌伴老儒烹瓠叶”的光华，美到极致，美到无法言说。

这样丰盈的美，让她摆脱了爱女和丈夫钱锺书相继离世的巨大痛苦与孤独的旋涡，心无旁骛地沉浸式读书、写书，获得了对抗岁月的魔力。岁月从不败美人，她到100多岁依然那么美，知性优雅地活到常人难以企及的高龄，人生长寿这张试卷，她从容地超常发挥，答了105分。

这恐怕就是我们该读书的最好理由吧。

我爱极了杨绛的这段话：“年轻的时候以为不读书不足以了解人生，直到后来才发现如果不了解人生，是读不懂书的。读书的意义大概就是用生活所感去读书，用读书所得去生活吧！”

没有人能替我们读书，读书是必须亲力亲为的事；没有人替我们读生活这本大书，我们必须亲身去读。

苏格拉底说：“未经审视的生活是不值得过的。”即便是发朋友圈、写微博、做微商、做网红，读过书与没读过书，读书多或少，人们的表现都是截然不同的。

不好好读书，对我们普通人来说，这就可能意味着身处社会底层，更深地体会生存的卑微，而唯有身处卑微的人，最有机会看到社会摆给你的臭脸，更容易看到世态人情的悲凉。

世态人情，在读书少、认知低的人眼里，可能就片面地萎缩成丑陋、无奈、怨怼甚至仇视等负面情感，越活心越悲凉。在读过书、内心清明的人那里，世

态人情比明月清风更有滋味，可当作书读，可当作戏看。

我们总以为年轻的时候有大把的青春可以挥霍，以为不读书也足以了解人生，跋涉人生几年之后，抑或多年之后，才发现如果不多读书，不多读好书，就无法实现社会的跃层和认知的升级。反过来，无法了解人生这本书的人，是读不懂书的。

读书的意义恐怕就是读懂生活的兵荒马乱这本书之后，用读书所得的滋养继续勇敢地好好生活吧！

所以，真正的智者都不约而同地选择了不论身处何等境遇，无时无刻不抓紧时间读书，并且乐在其中的路。他们享受灵魂丰满带来的处事不惊，淡定从容地读出了超越兵荒马乱的琐碎日常之上的诗和远方。

Facebook 创始人兼首席执行官马克·扎克伯格又有新动作了。2015 年，他发起的挑战是每两周读一本书，着重学习不同的文化、信仰、历史、科技。他建立了一个名为“读书之年”（A Year of Books）的公共页面。他读的第一本书是莫伊塞斯·纳伊姆的《权力的终结》。

日本当代作家村上春树认为，只要有书读，就很幸福了，只要始终保持好学的态度，即使衰老也算不得什么痛苦。

每天时间一到，天就黑了，但是世界已经不再是上一秒的样子了，你如果不读书，那你就是旧版本，与昨天一样。

我国国宝级演员陈道明，出身书香门第，自出生便有着一股儒雅气质。酷爱读书的他，家里没有电视机，没有家具、家电，到处都是随手可读的书。读书的滋养，带来灵魂的丰厚和角色把握的到位。陈道明因《围城》风靡大江南北，成为当年少女心中“最着迷的男人”。原著作者钱锺书特意给陈道明写了一封信，说陈道明让他看见了一个活的方鸿渐。

高中辍学但爱读书写作的李娟凭借《我的阿勒泰》火遍了全国。当了 8 年新东方的英语教师，爱读书、博学多才、语出惊人的董宇辉成就人生。

人生一路，坎坷不平，且路费昂贵，死亡是必然的尽头。唯有读书这条路，是性价比最高的路。它鲜花铺就，绵延不绝，世上任何人都无法将其走到尽头。

任何人也不可能将自己民族的全部书籍通通读完，更别说全人类的书了。所以杨绛告诉我们：不论处何等境遇，无论何时都要抓紧时间读书。

对我们来说，问题不在读书的数量，而在于选择我们能完全沉溺其中的 masterpiece（杰作），领略他人所思、所求、所感的广阔和丰盈，使自己的心脏随着卓越人物的深邃灵魂而跳动。

第五十九篇　给生活瘦身，不再成为“空心人”

唐宋八大家之一的柳宗元曾讲过这样一个令人醍醐灌顶的故事：有一种小虫子，叫蝜蝂。蝜蝂爬行时，不管看到什么，都抓来背在身上，即使多到背不动，也从没想放弃。最后，它就这样活活累死。

人也如此，一直拼命地不停往生活中塞东西，结果只会让自己疲惫不堪，陷在被挤压的身心狭小空间中无法自拔。

开启极简模式，便是对自己最好的善待，我们专注于有价值的事情时，工作才会顺风顺水。

我们周围无数人都活成了忙碌的蚂蚁，看似非常努力，貌似做了很多事，事实是无效做事，成果甚微。

很多人围着工作疲劳奔命，可到最后，涨的只是工龄，能力却还在原地打转。

我之前读《麦肯锡极简工作法则》，其中有一点让我受益颇深：永远不要杂乱无章地进行工作。

清理杂乱无章，从精简衣着开始。

乔布斯一生奉行极简主义——Less is more（少就是多）。

从1998年到2010年，每年的苹果发布会上，他都穿着一件黑色T恤和蓝色牛仔裤。他信奉的人生信条和我国的国学有异曲同工之妙：大道至简。至繁归于至简，生活越简单，人生越高级。我们占有物品，同时也被物品占有着。

拥有高品质的极简人生，为自己的人生减负，我们应从空间减负开始。

当代人普遍得了手机综合征：机不离身，离身就焦虑无聊，空虚难耐。人们追逐头条、八卦热点、迷恋刷抖音、看快手、玩游戏，一刷就好几小时，在虚拟的网络世界里，不知不觉就成了电子产品的俘虏。人们精神内耗严重，虚度光阴，成了空心人。

人之生命有限，精力有限，过用则竭。管理好自己的能量，合理分配好自己的精力，人类才能摆脱物质奴隶身份，成为精神贵族，过内心丰盈的高品质生活。

人要专注做20%的要事，摆脱80%的琐事消耗，把最有价值的一两件事做好，远比折腾无数琐事要重要得多。

扎克伯格每天早上都会问自己：我现在做的，是我所能做的最重要的事吗？

我们要关起门看一本纸质书，抑或学一项新技能，如绘画或者弹吉他、拉小提琴，抑或离群放空自己，安顿自己的灵魂，成为真正强大的人。

抱团取暖取的不是暖，是平庸。想成为雄鹰，你就不要混迹于鸡群中。真正强大的人，都是享受孤独的。

在我国的国学文化里，孤是王者，独是独一无二。所谓的王者，都是在孤独中成长起来的。随缘随众的人用热闹掩盖迷惘和空虚，优秀的人用独处成就非凡的自己。

极简精神，极简情绪，轻装简从，收获快乐、平和、成就。古罗马哲学家艾比赫泰德说："对可控的事，要保持谨慎，对不可控的事，要保持乐观。"

用乐观的心境，拥抱不可知的变数，这是睿智的生活模式。

乾坤未定时，为焦虑、痛苦、恐惧、迷茫等肥胖情绪瘦身，努力做事，相信一切美好会降临，等尘埃落定时，坦然接受一切。

内心足够强大的人，允许一切事情发生。

第六十篇　后高考时期，跟着美国当代著名压力管理专家摆脱急性压力精神内耗吧

从高考结束到收到录取通知书的这一段特殊时期，我们可以将其称为后高考时期。此间，估分、查分、报大学、选专业等，每一件事都让考生和家长反复斟酌，寝食难安，如同渡劫般难熬。

在这段特殊的后高考时段里，压力就成了困扰众多考生和家长的流行病。大部分考生和家长每天都处于焦虑、紧张甚至几近崩溃的状态中，他们没有心情和时间去锻炼，也没有纯粹的心情去享受旅游，更不知道如何摆脱这种严重的精神内耗，导致他们身心俱疲，脾气暴躁，家庭关系紧张，甚至可能导致考生和家长精神抑郁。

美国当代著名压力管理专家伊夫·阿达姆松，常年从事现代人心理健康、生存状态、工作与生活压力等方面的研究，在压力管理方面有独到的见解。她所总结出的压力管理技巧和方法受到美国广大职业人士的热烈欢迎。

在大学任教之余，伊夫·阿达姆松在美国各地进行巡回演讲，掀起一波又一波的热潮，使无数备受压力困扰的人摆脱了困境、改变了现状、重建美好的生活秩序。

这本《解压全书：压力管理》长期高居《纽约时报》畅销书排行榜。

后高考压力，属于诸多压力中的急性压力。何谓急性压力？就是当生活改变时，我们的身体和情绪被迫离开了预期的轨道，变化之后就是急性压力。

急性压力对身体有很大的影响，如引发消化系统疾病、心律失常等，还可能导致别的问题，如抑郁、各种疼痛、免疫系统紊乱、皮肤病等，而且大脑在压力过大时容易健忘。

人们也会产生情绪压力，情绪压力可能会使人精力枯竭、自我封闭。当情绪压力升级为精神压力时，人会更加痛苦，这可能会导致人无视自我期望、热情、梦想、计划，以及超越人性和生命的事物的追求。

压力管理专家伊夫·阿达姆松在《解压全书：压力管理》中说："压力与自尊的内在联系就像压力与生理健康和心理健康的联系一样。压力会降低自尊水平，反之，较低水平的自尊是导致压力的重要因素。"

如何处理这个危险的循环呢？第一步就是分离能够掌控的事情，从一件事情开始。你想想你每天浪费了多少个 30 分钟，看电视、上网、焦虑、电话聊天……

你不如更好地利用这 30 分钟去消除超额压力，建立自尊。其方法如下：

1. 冥想散步。适合平时锻炼不够和过分担心生活负面事物的人。在 30 分钟内把那些你认为自己应该做的却没有意义的事情通通抛开。

2. 清理家中厨房里的水池。适合厌恶整理东西的人。厨房是压力循环的绝好切入口。

3. 接近绿色。利用大自然的美景释放压力。

4. 坚持到底。每天完成任务列表中的一件事情。

5. 关爱自己。理解、分析、培育、尊重自己。

压力管理是后高考时段考生和家长的必修课。他们要对自己、家庭和社会负责，坚持压力管理，保持愉快、淡定平和的心情，重新正确地看待这个世界，重新定位成功，像杨绛先生那样无论受到外界怎样的折辱，都绝不允许它们伤害到自己。管理好自己的内心，你将看到前路灿烂的阳光、如诗如画的山水。

第六十一篇　当遇到“杠精”时，最聪明的做法是？

有位教师，在课堂上讲解诗句“竹外桃花三两枝，春江水暖鸭先知”时，一个学生站起来质疑说：“鸭先知，鹅不能先知吗？”教师气得无语，让他坐下。教师后来讲到“红杏枝头春意闹”，这个学生又质疑说：“杏花没有声音，‘闹’什么？”听了这话，教师大怒，一拍桌子，把他赶出了教室。

这是作家汪曾祺在《读诗不可抬杠》中举过的一个例子。

所有做过教师的，可能在漫长的教书生涯中，都遇到过类似故意捣蛋的“杠精”学生。这类“杠精”学生最擅长的，就是凭他的一张嘴给你心头添堵，让你内耗严重，心神俱疲。

我们发现，讲理的教师赢不过抬杠的弟子，教师想跟“杠精”学生一较高下，却发现他可怜的认知屏蔽了正确的知识，再加上青春期的叛逆，再怎么耐心讲解，教师注定输得一败涂地。

遇到这样的“杠精”学生，我们要明白此时唯一的制胜法宝是一笑而过。

解释不能改变一个学生，碰壁和摔倒的痛才能改变他。这世上最好的反击，是不反击。

任顽皮的孩子抬杠，故意找碴儿，我们教师不理不睬，任他利剑口舌，能奈我何？

作家苏芩说：“别跟杠精硬杠，你赢不了，因为在他狭小的世界里，自己就是绝对真理。”

无论你跟“杠精”说什么，他张口就是质疑和否定。对他来说，事实不重要，无理狡辩、哗众取宠、以言语胜人才重要。

不与认知低下的故意捣蛋学生讲道理，是教师的一种教育格局，也是保护自身免受精神内耗的大智慧。

100 多年前，莫泊桑在短篇小说《绳子》中告诉我们：“理未必越辩越明。”

一位农民随手从地上捡了根绳子，却被旁人污蔑说捡到的是钱包。他拿着手里的绳子拼命解释，可任他怎么辩解，旁人就是不相信。

别人的嘲讽、质疑、诋毁，把这位正直的农民逼上了绝路。

莫泊桑通过这个故事告诉我们：认知低的人，只相信自己相信的。

无论是学生还是同事、家长、领导，你跟他们对峙，不会越辩越明，只会让自己陷在精神的泥潭里无法自拔。

做教师久了，经历得多了，思考得多了，我最终明白：浪费时间、精力，开导别人的无知，是一个教师最大的无知。

一次周末休息，我在公园长椅上捧读莫言的《丰乳肥臀》，正看得津津有味时，一个年轻的同事路过时扫了一眼书名，便面带鄙夷地嘲讽道："张老师竟然在这公开场合看这种小黄书呀。"

我内心一颤，强忍住笑，面对她的嘲讽，微微一笑说："也许作家莫言是在和我们开玩笑吧！"

看着同事远去的背影，我轻轻吐了口气，说："我们都是人类灵魂的工程师，却不是一类人。"

所有读过《丰乳肥臀》的人都知道，这是一部献给天下母亲的恢宏史诗。2012 年，荣获诺贝尔文学奖的莫言在瑞典学院演讲时提到，母亲去世后，他悲痛万分，决定写一本书献给她。

在故乡的一间小屋里，他仅用 83 天，写出长达 50 万字的小说。这就是献给他母亲，也是献给天下所有母亲的《丰乳肥臀》。20 世纪，山东高密东北乡，一位母亲养育了 8 个女儿和 8 个儿子，她用"肥臀"生下众多儿女，又用"丰乳"哺育这些儿女。

这位母亲，像一位承载苦难的女神，她女儿女婿们所构成的家族，代表 20 世纪中国的各种社会势力。

著名作家汪曾祺曾对这本书做出高度评价："这是一部严肃的、诚挚的、具有象征意义的作品，对中国的百年历史具有很大的概括性。这是莫言小说的突破，也是对中国当代文学的一次突破。"

感谢不辩解的自己，使我没有浪费时间和不爱读书的同事解释，使我可以享受读这本好书的乐趣。

腹有诗书气自华，腹有好书心清明。杨绛先生曾说："我已经没有兴趣，给每个人留下好印象，你所见即是我，好与坏我都不反驳，我不想解释，更懒得解释。你能懂我几分，就是几分，你觉得我是怎样的人，你就配怎样的我。"

第六十二篇　人生如书，沉浸式自读才是最好的救赎

不刻意对抗大海风浪的人，才能逐浪而行。

不对抗人生风浪的人，才能成为人生赢家。

我很欣赏这样一句话：“世事流经你而发生，却不能将你塑造，这就是自我主宰。”

葡萄牙诗人费尔南多·佩索阿（Fernando Pessoa），生前只是一家公司的小职员，他每天和我们普通人一样过着两点一线的复制粘贴的生活。除工作交流之外，他从不参与任何联谊活动，也不爱呼朋引伴吃喝玩乐。他少言寡语，常常独自一人，喝着咖啡，观察着路上来来往往的人群，陷入沉思。“我渴望默默无闻，因默默无闻而享有宁静，因宁静而成为我自己。”

环顾四周，多少人都在无效的社交中忙碌，耗费了宝贵的时光，在烦恼和惶惑中沉沦却无法上岸。

然而，佩索阿专注和自己相处，持续不断地阅读、写作，把对现实的独特感悟都融入了作品中。他创作了卷帙浩繁的诗篇，后人都赞道：“只有经由佩索阿，才能了解葡萄牙。”

佩索阿被誉为“国宝级”作家。

在众多的外国作家里，我最偏爱的另外一个诺贝尔文学奖得主是黑塞。

偏爱一个人，是可以没有任何理由的，也可能是恰好在某个迷惘的瞬间，他给了我碰触内心的力量，让我一直走下去，也可能在他的身上，有某种我喜欢却当下欠缺的东西。

偏爱，不需要理由，但总有一个冥冥中的缘由。黑塞，在人生的两条路中选择了人少的那一条，那条路通向自己。如芸芸众生中的大多数人，他曾迷失，前路迷蒙，因此精神内耗严重，甚至患上了重度抑郁症，不得不数次找心理医生疏导。

他最终战胜了抑郁这个恶魔，找回了自己，越来越平和。他颔首观自身，内心的“风景”越来越独特，越来越瑰丽，这样的风景在人多的那条路上根本不会看到。

纵观古今中外历史的长河，对任何人都始终有两条路：人多的路和人少的路。人多的那条挤满了人，周围看的人也多，因此很容易走，更容易获得认同感和安全感，90%的人能看见的，就是这条路。

人少的那一条，未知未卜，令人胆怯，无人共情，走起来坎坷艰难。勇敢的黑塞却说：在世上，最让人畏惧的，恰恰是通往自己的道路。黑塞在他的名著《德米安》中写道：“上帝借由各种途径使人变得孤独，好让我们可以走向自己。”

我爱极了这样碰触灵魂的文字，明白别人不是我的彼岸，真正的彼岸永远是我自己。

人生就像一场越狱，逃离随波逐流，选择特立独行，才是完美的越狱。人生就像一场俄罗斯方块游戏，当你和其他方块一样时，你就消失了，游戏就结束了。

人生如书，沉浸式自读才是最好的救赎。

第六十三篇　央视“名嘴”白岩松，出身寒门，8岁丧父，却依靠独特的教育理念把儿子送进了世界名校

央视“名嘴”白岩松，以其卓越的主持才华，曾斩获“华语主持群星会年度终身成就奖”“中央电视台十佳优秀播音员、主持人奖”，享受国务院政府特殊津贴，被观众广泛认可，为央视“名嘴”之一。

1968 年出生于中国呼伦贝尔市海拉尔区的白岩松身世多艰，8 岁的时候父亲就因病去世了。他的母亲是位普通教师，独自将他带大，在物质本就贫乏的大草原，个中艰辛可想而知。穷人家的孩子，过早失去父亲的男孩儿，总是会懂事得让人心疼，总是会成熟得令人惊叹。17 岁时，白岩松就考进了中国传媒大学新闻系，毕业后就进入了中央人民广播电台工作。

出身寒门，幼年丧父，母亲是普通教师，这一切使白岩松从小就很懂事，他自律而勤奋。初到中央电视台工作的他，经常被罚款。他并非学播音出身，刚开始主持节目时经常发音不准，读错字。按照台里的规定，主持人、播音员读错一个字罚 50 元，他当时月薪只有几百块钱而已。有一个月，白岩松不仅被罚光了工资，还倒欠栏目组几十块钱。白岩松成功的一切都是苦熬出来的，“名嘴”不是一天练成的，背后的艰辛与努力只有深夜的孤灯知道。

了解白岩松的人都知道，他的教育也是与众不同的。他儿子白清扬高考成绩优异，顺利考入了世界排名前十的伦敦国王学院。出人意料的是，白清扬并未选择热门专业，而是选择了冷门的“蒙古史”专业领域。

一名不折不扣的学霸居然选择了冷门专业，这让不少人感到惊讶，甚至连央视著名节目主持人董卿都被惊掉了下巴，不解地问白岩松，“你不担心儿子以后不好找工作吗?”白岩松却淡定从容，赞同儿子的选择，说:“这是他自己的路。”

回看白清扬的求学时光，他经历了不走寻常路的跌宕起伏。白清扬的学生时代可以说不拘一格、色彩斑斓。高中时，他就读于一所普通高中，并非名校。这背后是白岩松独树一帜的教育理念：不以考试成绩论英雄，他甚至“威胁”

儿子不能考第一名，否则就和他断绝关系。

白岩松认为，孩子的行动力和独立人格的培养，远比分数更加重要。

如此宽松、包容的家庭氛围使白清扬得以自由地探索自己的兴趣，他并没有随缘随众地选择所谓的热门专业，而是遵从自己的内心，决定潜心研究蒙古史。

兴趣是最好的老师。白清扬在这所世界顶尖的大学——伦敦国王学院埋头苦读，成了蒙古史研究领域冉冉升起的新星。他的一篇关于蒙古帝国对中亚贸易路线影响的论文，更是让他在学术界崭露头角。

白清扬用实际行动证明了父亲白岩松散养的大智慧，证明了尊重孩子的兴趣才是教育的大智慧，这是父亲白岩松的远见卓识。

我认为每个孩子天生都有一双隐形的翅膀，他能不能展开双翅飞翔，能不能飞得远、飞得高，在于父母是否尊重他们内心兴趣与选择权，是否给他们飞翔的自由。

父母对孩子的爱不是360度无死角的“牢笼爱”，不是束手束脚捆绑的爱，不是操控他们的人生，是尊重，是放手，是信任，是助力。

有远见的父母必然是将孩子本能的喜欢与能够在社会上谋生的技能做到完美契合的，必然是为之计深远的，未雨绸缪的，他们能让孩子快乐、有成就，能让孩子内心丰盈地度过快乐的一生。

日新月异的云时代，所有的家长、教师、学生都压力巨大，产生各种掌控感丧失的焦虑。社会竞争压力大到令人窒息，大多数父母都中了那句“不要让孩子输在起跑线上”的毒，且中毒颇深。

看了白岩松的教育大智慧，看了原生态教育下的《我的阿勒泰》的作者李娟的成才之路，翻阅了驰名中外的大文豪苏东坡的履历，我想说：爱孩子，就请你接纳他本来的样子。每个孩子来到世间，都有自己的使命，都是世界或国家的人才，并非都需要父母过度培养。有些孩子即便父母付出诸多努力，也难以达成超出其能力范畴的目标。不要让孩子输在与他人的比较中，任何一种比较、任何一种想让他成为父母想象中的完美小孩的念头，都会给自己和孩子带来不小的伤害。

不要让孩子输在必须交上完美的成绩单上，不要让孩子走上宁愿选择自杀也不退学的不归途上，不要让孩子在丧失青春的活力与探索的泥沼中苦苦挣扎……

父母与其让孩子无暇看到生命本来的美好，无暇感受生命本来的 unique（独一无二），不如让孩子去感受，去受伤，去失败，去自愈，去成长，去体味生命成长带给他的悲伤或喜悦，因为这才是生命该有的样子。

第六十四篇　散文随笔·读书是最好的美容

自古以来，人皆爱美，爱美乃人之天性。爱美之心，人皆有之。爱美人，爱美男，爱美物，爱美景，爱美丽的自己，爱美丽的世界。

古诗云：千秋无绝色，悦目是佳人；倾国倾城貌，惊为天下人。世间哪位女子不想“秀色掩今古，荷花羞玉颜”呢？哪位男子不会见到“袅娜少女羞”，从而“岁月无忧愁”呢？绝大多数的人，想变美，想提升颜值，尤其在这个“看脸”的时代。

为了变美，为了提升颜值，女人使出了万千手段，甚至男人也大张旗鼓地加入了进来，不惜花大价钱去韩国进行整容。医美，已经是见怪不怪的了，已经遍地开花了。医生将肉毒杆菌的毒素注射在眉眼间，让面部微小神经麻痹，换来皮肤的暂时平滑；化妆已经是青年女孩子的必修课和必杀技。她们化妆包里琳琅满目的刷子、眼影、眼线笔等，令人目瞪口呆，叹为观止。

《和董传留别》有一个最简单的颜值提升方法，却被人们忽视，那就是读书！

“粗缯大布裹生涯，腹有诗书气自华。厌伴老儒烹瓠叶，强随举子踏槐花。”

读书有多美好呢？单单一个捧读书本女子的样子，就让人觉得像闻到了栀子花，像遇见了白莲花那样美好！持之以恒地读书可以使人养成敬畏的情感。读，而知不足。这个世界上可以让我们顶礼膜拜的大师太多了，他们让我们从心底升腾起无边的敬意，不由自主地有了洗耳恭听的姿态。

读书，让我们知道了天地间很多的奥秘，而且知道还有更多的奥秘等着被我们了解，我们会感到自身的渺小，变得谦卑，不敢用目空一切的眼神睥睨天下。

选择听书也是个明智的选择，不仅保护了眼睛，还可以边听边做其他的事情，实现双赢，也可以闭上眼睛，只凝心聚力于听书的美好。聆听名家文字，仿佛在听高贵的灵魂自言自语，如同与高贵的灵魂对话，让人不由自主地谦逊、聚精会神和向往高贵。听到妙处，你会心微笑，抑或莞尔一笑，最是那一低头的含笑娇羞，恰似微风吹过一朵莲的温柔，抑或同频悲哀或泪流，如“梨花带雨”的哀愁，投射到别人的眼中，却是最入心的画轴，有时也会忍不住拍案叫绝，“笑颜如花绽，玉音婉转流”。

听书、读书，是让人心灵寻到归宿、让世界安静、让人找到更好本我的绝佳方式。

如此，我们就给自己的心灵找到了栖息的家园，心没病了，一切皆安！

在书籍里，我们感到的是无休无止的时间流淌，所以不敢浪费，不敢虚度。我们学会敬畏大自然，学会敬畏他人，自爱本尊，不会污染环境，不会伤害他人，不用语言垃圾污染社会。

“自知”是产生一切美好的基石。把书中他人的聪慧加上我们自己的领悟，在社交的时空里恰如其分地说出的时候，你在口吐莲花，你的红唇就获得比SK-II、迪奥、兰蔻更美丽色彩的涂抹，自然生动，光艳夺目，顾盼生辉。

书是人生的颜色，读书使人颜如玉，读书使人财万贯。书是治愈心灵的神医，书是产生快乐的富矿，储存着难以计数的浓缩的欢愉或悲悯。

当我们静夜抚卷的时候，当我们冬日半卧摇椅中听书的时候，当我们在地铁中读纸质书的时候，那些欢愉如同香氛在心中升腾，向全身弥漫开来。它让你眉飞色舞，面容生动，表情像中了蛊似的丰富起来，或笑或嗔，或明媚或忧伤。悲伤，其实也是一种微笑，是情感的尽情宣泄，是灵魂在瞬间的舒展。

世界变小了，我们的心大了，而且我的地盘我做主，我是独享的帝王。

读书改变了我们的心灵，使它柔软而丰富。我们举手投足间，藏着我们读过的书，走过的路，爱过的人，见过的风景。

我一直固执地认为，世间最美女子应当是身穿一袭素色旗袍，捧读一本书的样子。那种出尘的清丽，美如一阕宋词。

第六十五篇　女神节，无论婚否，所有女子都值得拥有满满的仪式感！

女神节，一定要有满满的仪式感！

只有当男人不在乎你的时候，才会把这些仪式感当成负累！

只有当你忽略自己的时候，才会忘了给自己满满的仪式感！

女神们，无论多忙，都别忘了绽放自己！

每位步入了婚姻殿堂的男同胞都该明白：happy wife，happy life，也就是说：老婆开心，生活幸福！

张爱玲说："婚姻我替你们试过了，人生的另一半如果选错了，往后余生每一步都是错的，你会尝尽世间苦楚，取舍两难。相貌和财富都不是那么重要，重要的是人品、责任和担当，以及原生家庭刻在骨子里的三观和教养。所以选择和谁结婚真的不一样，有的人进入你的生命里，会让你觉得人间值得，会成为你的光，而有的人会把你的光都熄灭，特别是以后有了孩子，所以人可以不幸福，但一定要人间清醒。"

易卜生说："婚姻是人生中的一大考验。"

有些夫妻一辈子恩爱和睦、举案齐眉，而有些夫妻却经受不住时间和生活的考验。以前恋爱的时候明明很浪漫的男朋友，给自己送花、送礼物，各种甜言蜜语，结婚几年之后，却连结婚纪念日都记不住；以前明明是个干净斯文的男生，结婚后却变成了邋遢油腻大叔；以前明明对自己宠爱有加，现在逛个街都抱怨累……

如果你懂得维系，并且用心呵护，婚姻便可以长久而稳固。

知乎上有网友说："即使是世界上最幸福的婚姻，也有 200 次想离婚的念头和 50 次想要掐死对方的冲动。"

幸福婚姻的秘诀，就在于那第 201 次的和好和第 51 次的原谅。

演员黄磊说："其实两口子吵架是没有道理、没有对错的，人是因为感情在吵，所以用道理解决不了。一定要用感情，用各种表情、各种形式说对不起，男士一要赖就好了。”

他和孙莉一起相伴走过了多年，拥有3个可爱的孩子，在黄磊的爱和包容中，两人的婚姻也越来越幸福甜蜜。平日里，每次发生不愉快，两人都会马上相互道歉，并且提醒对方：“吵架致癌，没必要。”一来二去，架也吵不起来，夫妻俩很快就言归于好了。

有句话说得好：“家是藏爱的地方，不是说理的地方。”

杨绛在《我们仨》里讲过：“我和锺书在出国的轮船上曾吵过一架，原因只为一个法文的读音。我说他的口音带乡音，他不服，说了许多伤感情的话。我也尽力伤他。然后我请同船一位能说英语的法国人公断。她说我对，他错。我虽然赢了，却觉得无趣，很不开心。”杨绛虽然吵赢了架，却输了感情，这样的赢，的确不能让人开心。

与其争个你高我低，倒不如有人先让一步；与其赢了道理，不如先把爱抓住。

多少夫妻，都变成了无仪式感的搭伙过日子的邻居。

仪式感不是非要你在钱财上大动干戈。你也许不太懂浪漫，但可以坚持在每个纪念日送她一朵花，平时嘴上虽然没太多关心的话，但可以每次逛街、散步、出门吃饭，都牵着她的手，或者过马路时，体贴地把她护在路的内侧……

总有一些微小的细节，能够维系着夫妻之间的情感，使其不会轻易流失。久而久之，这些细节也变成了生活中一个又一个充满爱意的仪式，让夫妻关系更加亲密，让爱情得以“保鲜”。

婚姻是一场自我修行，无论跟谁结婚，都是一次选择，你可能迎来一生安稳，也可能会遇到一地鸡毛。

聪明人，都把婚姻当成了一场自我修行。我们始终保持成长，才能活成越来越好的自己。要记住，一个人的价值，只能由自己来定义！

央视著名主持人杨澜说：“婚姻是搭伙过日子，不是谁养谁，能拯救你的从来不是婚姻，而是你自己。”

爱自己，才是美好人生的开始。

无论和谁在一起，我都希望，你心里始终爱自己，脸上始终有微笑，步伐永远自信从容，活成一个光芒万丈的自己！

冰心说：“世界上若没有女人，这世界至少要失去十分之五的真，十分之六的善，十分之七的美。”

世界上所有的女子，无论是妙龄，还是中年，抑或是老年，无论婚否，都是这世界上独一无二的存在，都值得拥有满满的仪式感。无论这份仪式感来自男人，还是自身，它都可以用善良做底色，用自信做花蕊，用颜值做花瓣，用气质做芬芳，在女神节里绽放出一朵玫瑰最美的样子！

第六十六篇　央视热播档《开学第一课》：董卿的教育观契合世界上最会教育的民族

《开学第一课》是教育部与中央电视台合作的大型公益节目，在每年 9 月新学年开学之际推出，2008 年开播以来，成为央视的代表节目之一。这档为中小学生量身定做的节目，已经成为很多观众的珍贵校园记忆。

在这档节目中，著名主持人董卿曾谈到她关于教育孩子的观点，其观点令人深思："在教育孩子的时候，你选择了赚钱，不去管教孩子。等孩子长大了，你辛辛苦苦赚一辈子的钱，都抵不过他败家一年。"

作为一名多年一直从事教学的高中英语教师，我深以为然。

在教育子女方面，明智父母的群体观念是与其给子女留下大额现金和不动产，不如给他们提供更好的教育，如带孩子去博物馆、书店、书吧、参加文化沙龙，或者让孩子行万里路，通过旅行拓展他的认知边界。给孩子购买高档的衣服、玩具和电子产品，怎比得上投资孩子的兴趣、爱好，扩容他们的人生格调？

演员易烊千玺小时候经历过一段特别艰难的日子，如今已经历经千锤百炼成为巨星的他，在《熟悉的味道》节目的末尾，分享了关于母亲言传身教的故事。

"后来我也总梦到每星期从昌平坐公交一路到市里上课的日子，北京的太阳晒得人又热又困。小时候那段最辛苦的日子，您一直陪在我身边，鼓励我，我记得您那时候总说：'现在辛苦一点，以后就能很幸福。'一句谁都会说的话，但我一直都记得，是啊，我们现在幸福多了，楠楠也在一个美好的环境中成长，哥哥走过的路他都不用走了。现在我也长大了，过不了两年就成年了，我想问问老娘：我感到幸福了，您感到幸福了吗？"

作为小孩子的易烊千玺，他也许不明白妈妈为什么要这么拼命。"成功"对年幼的他来说是个遥远又抽象的词，但妈妈的言行深深地影响了他，他有样学样，不停地向前，不让妈妈失望。所以，小小的易烊千玺，在这高强度的生活中练了一身的技艺，他成了一个全能小孩，从小拍广告、唱歌、上节目，8 岁时街舞就已经跳得很好了。他的努力换来了一张又一张的奖状、一个又一个奖杯，奖状挂满了墙，奖杯摆满了柜子。

可见，妈妈的引导深刻地影响了易烊千玺，也为他以后的成长起到了至关重要的作用。

身为父母，比起提供最好的物质，他们更优质的智慧是引导孩子为理想付出艰苦卓绝的努力。不经历刻骨铭心的努力，怎么会有涅槃和蜕变？孩子心有远大目标，在奋斗中获得自信，在困难斗争中获得成长，这才是顶配的成功教育！

这让我想起世界上那个特别会教育的民族：犹太人。全球只有 1500 万的犹太人，仅占世界总人口的 0.3%，可是他们获得诺贝尔奖的比例是其他民族的 100 倍！这些斩获诺贝尔奖的人物包括德国出生的犹太裔物理学家爱因斯坦、美国的原子弹之父奥本海默、心理学家弗洛姆，还有首位获得诺贝尔奖的女性，也是两次获得诺贝尔奖的居里夫人等。

犹太人有着根深蒂固的群体认同教育观。据说，每个犹太家庭的孩子都要回答这样一个问题："假如有一天房子被烧着了，你将带着什么东西逃跑？"

如果孩子回答是钱财，母亲会进一步问："有一种没有形状、没有颜色、没有气味的宝贝，你知道是什么吗？"

如果孩子答不上来，母亲会继续引导："孩子，你要带走的不是钱财，而是智慧，因为智慧是任何人都抢不走的，你只要活着，智慧就永远跟着你。"

当这样的引导深入整个民族的骨髓时，它所产生的影响是巨大的、深远的、跨越时空的！

我曾读过一本让我感到震撼的书——《一个犹太人的家庭教育》，书中讲述了一个伟大的犹太母亲把 3 个孩子培养成才的理念和方法。

女主人公的母亲生于上海，父亲是犹太人，她的父亲在她 12 岁时去世了，随后母亲也离她而去，她因此成了孤儿。长大后，她在上海铜厂做女工，婚后生下 3 个孩子，但不久后丈夫也离她而去。

痛苦接二连三，为了摆脱它，她成为中国和以色列建交后第一批回到以色列的犹太后裔。为了生存，也为了 3 个孩子能早日回到以色列，她努力学习希伯来语，然后在路边摆了个小摊卖春卷，每天只能赚到 10 个新谢克尔。新谢克尔是以色列的官方货币，1 新谢克尔兑换人民币约 2 块钱，以色列更小的币值是雅戈洛，1 新谢克尔等于 100 雅戈洛。

后来，她终于接回了3个孩子，当时大儿子14岁，二儿子13岁，小女儿11岁。

她把孩子送去学校读书，她卖春卷，孩子放学，她就停止营业，在小炉子上面给他们做馄饨或者面条。她像我们中国妈妈一样，做着合格的全包全揽的保姆式妈妈。

这一幕被邻居看到了，训斥她的大儿子："你已经是大孩子了，你应该学会去帮助你的母亲，而不是看着你母亲忙碌，自己就像婴儿一样。"然后又转过头训斥母亲："不要把巨婴式教育带到这里来！"

在犹太家庭里，孩子们没有免费的食物和照顾，任何东西都是有价格的，每个孩子都必须学会赚钱，才能获得自己需要的一切。

于是，她不再给她的孩子们提供免费的餐食和服务，同时也给他们赚钱的机会，以每个春卷30雅戈洛的价钱批发给他们，他们带到学校后，可自行加价出售，利润部分自由支配。

有趣的是：3个孩子卖春卷的方式截然不同。小女儿是乖乖女，按老价钱50雅戈洛零售；二儿子则以40雅戈洛的价钱批发给学校餐厅，每天送100个；大儿子不但学会了做春卷，还把春卷带到学校卖，他还举办了一个"带你走进中国"的讲座，可以免费品尝美味的中国春卷，但需要买入场券，每人10雅戈洛，结果收入1500雅戈洛。

他们随后琢磨出了更多、更新颖的赚钱方法，他们很努力地去学习和思考，在自食其力的路上越走越坚定，越走越自信，越走越执着！更令人吃惊的是，他们的学业不仅丝毫未受影响，还有所提升。

我们中国的父母，都希望"望子成龙，望女成凤"，却又过度保护他们，使孩子变成"巨婴"。溺爱带来的是孩子的凉薄冷漠，不懂感恩；干涉过多，让孩子无奈而且逆反；指责过多，让孩子挫败感严重，迷失人生的方向。

孩子们无忧无虑地快乐成长，作为创造者，享受创造的快乐，体验挫败的感觉，提升自愈能力，从而获得对真实人生的掌控感、成长力。

当我们博采众长，向外学习了优秀民族的教育精髓时，我们优化了我们整个民族的教育观念，并落实到与孩子相处的每一个碎片时间中，何愁我们中华民族的教育不卓越于世界之巅？

第六十七篇　林清玄：一尘不染不是没有尘埃，而是尘埃让它飞扬，我自做我的阳光

当我真正爱文学的时候，我发现自己总是忍不住打开林清玄的文字品读，心里充满了如见到一朵白莲花般的欣喜，纯净得不染丝毫尘埃。

我发现语言此时竟然如此苍白、无力，我竟然感到语迟，只能静静地让文字缓缓入心，浸润心田，在上面开出美丽的花来。

文字与感觉有时不能握手言和，是反差感极强的存在，正如林清玄的外貌与他的文字。初见他在百度上的照片，他像极了火影邪神，气质上像一个特立独行的长发画家，有点怪叔叔的样子，文字却像一汪深谷清泉，是那样入心入肺的甘醇。

在林清玄的笔下，世间的庸常轻而易举地升华为加倍的美好。他的文字令人惊为天人，只有亲身去读才能明白什么是文学的魅力。

关于人生，林先生说："在烟雨中腾云过了，在雨里行走过了，什么都过了，还能如何？所谓'来往烟波非定居，生涯蓑笠外无余'，生命的事一一经过了，再热烈也是平常。"

关于爱情，林清玄先生说："如果有人问我：'世间情是何物？'我会答：'不可逃之物。'"连冰冷的石头相碰都会撞出火来，每个石头其实都有火种，可见再冰冷的事物也有感性的质地，情何以逃呢？我想，逃情最有效的方法可能是更勇敢地去爱，因为情可以病，也可以治病。情者是堂堂巍巍，壁立千仞，从低处看是仰不见顶，自高处观是俯不见底，令人不寒而栗，但是如果在千仞上多走几遭，就没有那么可怖了。

真实的林清玄出生于1953年2月26日，是中国台湾省高雄市旗山县人，毕业于中国台湾世界新闻专科学校，曾经是一个淘气捣蛋、其貌不扬，甚至有点奇怪的男孩儿。

林清玄从小有个梦想，就是长大以后，有一天去环游世界。他的爸爸觉得

那不可能，因为他们家连买去隔壁村庄车票的钱都没有。

小林清玄有一次考试得了第一名，老师送给他一本世界地图。那是一个冬天，轮到他给家里的人烧热水洗澡，他就蹲在锅炉前面，一边烧火一边看世界地图。一打开，是埃及的地图，他就想长大以后一定要去埃及，埃及有尼罗河、金字塔，还有狮身人面像，还有美丽的埃及艳后，多么浪漫的地方啊，长大以后一定要去埃及。

正在沉醉的时候，突然看到一个人，打开浴室门，冲了出来，那人是他的爸爸，他身上只披了一条毛巾，他爸爸走过去给了林清玄一巴掌："火都熄了，看什么地图!"他不但打了林清玄一巴掌，还踢了他一脚，把他踢到火炉旁边说："继续生火!"接着转过身来，对林清玄说："我用我的生命跟你保证，你这一辈子，绝对不可能去到那么远的地方!"

林清玄一边烧火，一边流眼泪。他对自己说："我的生命不可以被保证，即使是我的爸爸也不行，我长大以后一定要去埃及。"

林清玄读高中的时候，比较贪玩，经常被记过，留校观察。很多老师不看好他，认为他无可救药了。

被人看扁这种事，最大的痛苦并非源于语言本身，而是源于从心的伤口中渐渐滋生的自我轻贱感。自暴自弃是非常容易就能做到的事情，可是他没有。

他的国学老师王雨苍，耐心跟他说了那句改变他命运的话："我教了 50 年书，一眼就看出你是个能成大器的学生。"从此，林清玄收敛以前的恶劣行为，开始沉浸式学习，并且阅读、写作。他最终成为名扬海内外的作家。

20 多岁时，林清玄离开台湾，第一个去的地方就是埃及。他在金字塔下给爸爸写了一封信："亲爱的爸爸，我正在金字塔下看着夕阳和前面的骆驼……"

"我的生命不可以被保证，即使是我的爸爸也不行。"林清玄说，他将自己的命运牢牢掌握在自己手中，坚定而执着!

林清玄以他独特的生活经历，书写了具有林清玄标签的纯美文字，似文坛的一股清流，涤荡着现代人疲惫的心田，赠给浮世一种久违的美好!

林清玄是一个经历过很多苦难的人，但苦难在某些时刻以美好的方式华丽绽放。在每一个普天同庆的特殊日子里，他远远站着，清醒地生活，像是没有牵挂的僧人，自然又轻松。他的满足只有一种源头，它，就是写作，他的文字只滋生于内心，它和外部的喧嚣没有丁点的关系。

林清玄，一个在中国台湾文学史上留下了浓墨重彩的名字，他的生命如同他的文字一般，满缀着深深的哲理与由衷的悲悯。他的作品得到了国内外的高度认可，多次获得各类文学奖项：台湾文艺奖、时报文学奖、吴三连文艺奖等。

他的散文作品被选入人教版、北师大版等多个版本的中学语文课本中，成为一代又一代学生的精神食粮。

他的作品被翻译成多种语言，在世界范围内散发着中国国学文化的魅力和芬芳。

林清玄曾写过一篇关于小偷的文稿："像心思如此细密，手法这么灵巧，风格如此独特的小偷，又斯文有气魄，如果不做小偷，做任何行业都会有成就吧!"这样的文字打动了这个小偷，出狱后，他从此改邪归正，开了家羊肉店，诚信经营。林清玄，用他干净伟大的人格力量改变了这个小偷，成为洗涤小偷心灵的甘美的清泉。

纵观先生一生，一支笔就是生命。他出生寒门，8 岁就立志成为作家，小学阶段就读完了能找到的所有中外文学名著。他 17 岁开始发表作品，30 岁前得遍中国台湾的所有文学奖项。

2019 年 1 月 22 日上午，林清玄在他的微博中写下："在穿过林间的时候，我觉得麻雀的死亡给我一些启示，我们虽然在尘网中生活，但永远不要失去想飞的心，不要忘记飞翔的姿势。"他曾说过："今日踽踽独行，他日化蝶飞去。"2019 年 1 月 23 日，林清玄终化蝶而去。

痴爱林清玄先生作品的我，化悲伤为阅读，每日都沉浸在他的作品中，甘之如饴。文字拥有跨越时空的力量，先生的文字依然在红尘中清澈明亮！夜深人静，掩卷抬头看，星空明亮闪烁，月色如水，正是先生此生似泉的美好样貌。

第六十八篇　遗忘的力量

像爱一样，遗忘也是有力量的，它是一个人继续生活下去的勇气，是让人拥有快乐的可能，是对过往的清零。它使人不再遗憾、内疚、后悔、内耗抑或不再沾沾自喜、狂妄自大、躺在荣光里故步自封。

遗忘，只要不是病态的缘由，它实在是有百利而无一害的。它是寒冬腊月里红泥小酒炉的暖，是倾盆大雨时头上的那顶荷叶伞，是黑夜里辗转难眠时的催眠曲，是跳脱自以为是的禁锢与局限，保持人间清醒的良方。

一个人，要继续快乐地活下去，得学会选择性遗忘：快乐的幸福的有意义的事情，我们可以零遗忘，负能量的人和事，我们应果断地遗忘！否则往事的沉重会压得人喘不过气来，使人无法好好生活。

在某种意义上，人类大脑的容量是有限的，只有遗忘一些烦心旧事，大脑才能腾出空间来记住当下美好的事，当下也会成为过往，过往不再令人悲伤。

凡是能够遗忘的事就是我们不该记住的，所以，我们何必多此一举，苦苦纠缠过往？无论如何，我们可能还是记住了久远时光里的一些人和事，如一条童年嬉戏过的小河、童年时和小伙伴一起玩过家家的院子、某一处风景、某一顿野餐、一次巷口的别离、一个人的眼神、一条可爱的小狗、一段撕心裂肺的恋爱等。有些事，我们想忘却不能忘，有些人，我们想留却留不住。我们不妨只筛选美好时光，狠狠记住；我们不妨屏蔽伤心过往，狠狠遗忘。

一个人成长的过程，有时候也是一个遗忘的过程。曾经轰轰烈烈、地动山摇的经历，在后来，也许变成平静如水、波澜不惊的过往。

我们在兵荒马乱的生活中，把它们完全忘记了，这也许是人类大脑启动的自我删除、自我保护模式。

我想起海涅的诗句：“死亡是凉爽的夜晚。”凉爽让人头脑清晰，凉爽让人记忆鲜活。那些关于逝去亲人或故友的记忆，可能在某个瞬间在我们的脑海中突然鲜活起来，它们如刚被暴雨冲刷过那样清新。

我记起作家余华说：“在生的时间里感受死的踪迹，又在死的踪迹里感受生的时间。”我想，若没有对死亡的恐惧，何来对生的眷恋呢？正如在清明节，或是中元节，那些令我们害怕、恐惧的鬼魂却是别人正在思念的亲人。此种的不遗忘，或者一直怀念，体现的是人性的至孝、至善和至美。

在生的炎热里寻找死的凉爽，在死的凉爽里激发出对生的热爱，活得勇敢坚强，活得热辣滚烫，这就是我们该有的人生态度和人生选择吧。

第六十九篇　《我的阿勒泰》：单亲家庭、出身农村、高中辍学，经常挨妈妈打，李娟却活成了一个传奇

央视热播剧《我的阿勒泰》一上线便成为全国收视第一、全网播放突破千万的电视剧，豆瓣评分8.8分，近9万人给出5星好评，并成为首部入围戛纳电视剧节主竞赛的长篇华语剧集。

《我的阿勒泰》改编自新疆著名女作家李娟的同名散文集。此前，李娟已凭借出色的文学创作荣获“人民文学奖”“上海文学奖”“天山文艺奖”“朱自清散文奖”等诸多奖项，一时鲜花着锦，红遍神州大地。

生长在阿勒泰的汉族少女李文秀，在大城市追求文学梦想却屡屡碰壁，被迫回到老家与开小卖部的母亲相依为命，结识当地少年巴太之后，文秀渐渐发现了当地之美……这便是《我的阿勒泰》讲述的故事。

故事中的母女形象其实是李娟以自己和母亲为原型进行创作的。

在离异家庭成长的李娟，从小跟着母亲一起生活，母亲也是影响她最大的人。母亲刚烈的性格，也让她们的关系时好时坏。

李娟的母亲常自称“老子”，彪悍而不羁。母亲曾因为李娟在学校挨打，怒不可遏，跑到学校大闹一场……彪悍的母亲，甚至对李娟大打出手，让人怀疑李娟是不是她亲生的女儿。

在《挨打记》里，李娟这样写道：“单身母亲太凶残了，一次，她在气头上的时候叫了我，我没答应，她就用酒瓶砸我，砸得我眉骨上缝了三针，至今留一道疤。依我看，挨谁的打都没有挨父母的打那么可怕，因为他们是世上最亲近的人，是我柔弱的孩童时期的唯一依靠。他们平时如此溺爱你，可一翻脸就是另一番光景。”

其他母亲该有的善良，在李娟母亲身上拿着放大镜似乎也很难找到。当地小孩子们做的坏事，一半以上都是李娟母亲教唆的，如挑唆他们如何得到自己

想要的："哎呀，要是哭也不买，你就躺到地上一个劲儿地打滚儿，然后不吃饭，也不睡觉……"

不仅如此，天气很热，种的葵花也长高了，她在葵花地里锄草，甚至不怎么穿衣服，李娟担心她会撞见人，她却不屑一顾，我行我素。

口无遮拦，却又有些死要面子，爱嘚（dè）瑟，"阴暗"面鲜活自然，这些李娟的母亲毫不掩饰。这个普通的农村妇女，没读过什么书，比文盲强不了多少，她做过很多离经叛道的事：给鸡做衣服、给狗缝裤衩、给牛穿奶兜子。她想尽各种办法给狗狗避孕，如喂避孕药、监禁、缝背带裤，还预备进行绝育手术，但种种办法都未成功，可她依然乐此不疲，不焦虑，不放弃……

青春期的孩子最讨厌的事就是被父母侵犯隐私，李娟的母亲却做得理直气壮，大言不惭。上中学时，李娟有一次给朋友写信，母亲一把抢过她的信，当着同学的面大声念出来。李娟气得要死，母亲却若无其事，一笑了之。

家里的床塌了，无法睡觉，心大的母亲却依然笑着说："床塌了，又不是天塌了，还能影响我睡觉?"没怎么读过书的她，却非常认同在迁徙转场到其他牧场时那里牧民批评她的朴实却充满哲理的话语："再颠簸的生活，也要闪亮地过!"东西丢了，她甩甩头：丢了就丢了，再找回来就是了。

没有谁是完美的，包括我们的父母，与其抱怨不如改变自己。原生家庭是很多人幸福的起点，也可能是有些人难以愈合的伤口。

离异的母亲，是淳朴的牧民，行为、思维早定型了，你根本没法理解她的愤怒和委屈，抱怨只会激化矛盾。李娟觉得生活就像一场旅行，我们总是在路上奔波，但别忘了沿途的风景和那些陪伴我们的人。

生命，像春日飘舞的柳絮，有时因风而起，有时又随风而去，我们无法左右它。无论如何，我们都要坚守自己的内心，保持最初的那份纯净和美好。

荧屏上，我们看的是剧，剧中讲的是故事，故事后面品的却是自己的人生。

红尘中的每个人，角色不同，选择不同，命运不同。

永远站在你身边、永远为你考虑、永远希望你好的，那是"别人家"的父母，不是所有人都会有。我们无法选择自己的父母，却可以选择靠自己编织灿烂的人生。一生所重，不过初心与希望。只要眼里有光，心里有希望，生命自己就会寻找出路。因为只有在无际的弯路中，人们才会有更多的机会不停地靠近世界的种种真实之处，才会有强大生活的强大根基。

那些始终相信自己、始终以正向力督促自己的人，那些极度认真地过好每一天的人，最终会拥有生活在这世间最大的底气。

第七十篇　未来，教育职业下行，教师该如何度过危机？

2024年已经过半，伴随经济下行的趋势，其他行业已显露出裁员和倒闭的迹象，职场面临的挑战日益严峻，教育行业也成为“重灾区”。

教育尽管一直被认为是一个永恒的行业，但它正在经历快速的时代变化。现代教育越来越多地采用技术来辅助教学，如借助在线课程和数字化学习平台。只要愿意，我们在网络平台上可以获得任何想要的知识，也可以免费获得任何想看的教学视频。

在这个知识爆炸、能力欠缺的时代，传统的、面授的教师面临空前严峻的挑战。

与此同时，家长对孩子教育的期望值不断提升，对教师的专业水平提出更高的要求。这要求教育者要拓展技能、有效地使用云时代的教学设备与技术。

在这样的大环境下，教师应如何应对职业下行？

哈佛商学院教授亚瑟·布鲁克斯（Arthur Brooks），进行了一场为期7年的探索，研究如何应对职业下行的恐惧，他认为，中年的分界点，究竟意味着危机还是机遇，在于我们有没有做好准备，及时觉醒。

生物学家达尔文，27岁因物竞天择理论声名鹊起，50岁出版了代表作《物种起源》。可从这时候起，他的创造性开始停滞不前，事业也逐渐沉寂。他变得郁郁寡欢，时常抱怨：“尽管已经拥有一切令我幸福和满足的东西，但我厌倦了这种生活。”

物理学家狄拉克，31岁就发现了量子场论，并获得诺贝尔物理学奖。从那以后，他再也没有做出其他卓越的突破。晚年的他，书写的是一首令人心塞的小诗：“年过三十，好死不如赖活着。”

再厉害的人物，都免不了要经历事业的挫败、前途的波折。生命有周期，人生由绚烂归于平淡，是不可避免的。

作家蔡澜说过一句话："那些没有中年危机的人，是因为在年轻时，每一分钟都在警惕危机。"

真正明智的教师，应尽早觉醒，及时改变，及时调整，重新规划人生。

所以，你觉醒得越早，人生下半场就越顺。尽早觉醒，接受有朝一日被淘汰的现实，提前调整自己的状态。把终点当成新的起点，你的职业下坡，就会变成另一条进阶之路。

职业下行给我们教师带来普遍的焦虑。

社会学上，有一个"米缸困境"。

一只老鼠掉进装满米的米缸里，每天吃饱后便倒头大睡。直到有一天，米缸里的米见了底，老鼠也被困在缸底，无法逃脱。

我们现在的教育工作岗位，恰恰就是那个看似满满当当的米缸。我们总以为，自己能在岗位上一劳永逸，就算退休了也能继续发光发热。然而，摸爬滚打多年后，我们教师惊觉自己正处在被时代的浪潮抛弃的险境中，甚至可能在未来找不到容身之处。

我记得亚瑟·布鲁克斯在他的热销书《中年觉醒》里说："提前唤醒自己，改变自己，到了人生下半场，危机才会变成新的机遇。"

心理学家卡特尔的一个观点：人类拥有两种类型的智力，一种是流体智力，即知觉、记忆和推理等先天智慧。另一种是晶体智力，是指以习得经验为基础的后天智慧。

随着年龄增长，流体智力会不断衰退，晶体智力却稳步上升。

流体智力在你生命的早期让你做你所擅长的事，但随着年龄的增长会减少。

后来，你会获得晶体智力。它在你 40 多岁和 50 多岁时增加，在 60 多岁和 70 多岁甚至更长时间内保持高水平。晶体智力不是关于努力工作和专注，而是关于智慧和传递知识。

我们教师人到中年，更适合坐下来反思总结、传授经验、提供指导。

创造力的枯竭、精力的下降，是任何人都逃不过的宿命，我们教师亦然。我们需要重新审视生活，给自己的价值排序，找到真正需要的东西，才不会被虚无与焦虑困扰。

音乐家巴赫年轻时创作了众多知名曲目，被公认为巴洛克时期最优秀的作曲家之一。

随着时间流逝，他逐渐被晚辈超越、被听众遗忘，但他没有过度沮丧，而是顺应天命，转行做音乐教师。他一边教学，一边总结经验，写出广受好评的《赋格的艺术》，度过了精彩的人生下半场。

所以，教师的人生不是一路高歌猛进，一直奋力往上冲的，而是学会转型，提升认知维度。

我们目前正在经历的绝境，也许是跳上人生完美曲线的好时机。人到中年，犹如迈进生命的分水岭，身后是回不去的舒适区，眼前是无法预测的大冒险。

提前保持紧迫感，危机来临时你便会应对得更从容；努力提升自我竞争力，陷入困境时你才能拥有更多的选择。

令我们开心的是，随着年龄的增长，人会变得更有智慧，这意味着随着时间的推移，教育者懂得越来越多，也知道如何运用这些优秀经验。

这意味着你成了更好的教师，更好的教师往往是年长的人。

第七十一篇　请饶过他人的人生

我最近读到一副很有意思的对联。

上联：60后让90后别熬夜

下联：90后让60后戴口罩

横批：谁也不听！

我们常常掏心掏肺地对所爱的人说："我这样做，都是为你好。"我们往往收获的是争吵和反感，甚至有时会导致关系破裂：孩子逆反，家人或友人反目，爱人离去。

这是为什么？我们伤心难过，对天长叹：我明明那么爱你，都是为了你好，你不接受就算了，怎么可以把我的一片好心当成了驴肝肺？

令人扎心的事实是不仅仅是父母、伴侣，朋友也是一样的，想要改变一个人，让他们按照我们认为正确的方式处理问题，实在是太难了。

莫言说："记住，永远不要试图去改变任何人，包括你的儿女、伴侣、兄弟、姐妹、父母……往往，你越为别人好，别人越讨厌你，很多东西是娘胎里自带的，非常顽固，偏执到骨髓。"

试想，你如果生病了，你就会成为家人的焦点；如果你病得很重，你就会成为家人真正的累赘。

人教人，教不会；事教人，一遍就会。人是叫不醒的，只会痛醒。（People can't be taught by others，Only can learn a lesson from things. People can't be awakened by calls，Only be woken up by hurts.）

想想孩子刚学走路的情形：刚会走路的小孩子，我们不断地跟孩子讲道理，提醒孩子注意这、注意那，要不就会摔跤。结果却是他自己摔几跤，他感受到痛了，就懂了，学会避坑了，摔得少了，甚至不再摔了。只有经历过痛，人才会成长。

莫言说："能说服一个人的，从来不是道理，而是南墙；能点醒一个人的，从来不是说教，而是磨难。"

从多年的教学经历中，我发现，人总是不可避免地走弯路。我把自己年轻时犯过的错、摔过的跟头、走过的弯路，归纳整理打包成学习秘诀，希望学生不出错，一条直路走下去。然而就算我全心全意指点，孩子们的弯路也还是要走的，他们抵触学，学不会，甚至失去了犯错的勇气。

无论学习的路，还是人生的路，自己走的，对也好，错也好，才是属于自己的路。自己的经历和体验是别人拿不走的，别人的经验，给了自己，接不住，也用不了。

所以，智慧的教师、聪明的家长，要学会放手，学会“散养”的教育大智慧，请饶过他人的人生。

最大的爱，是让他人凡事自己去尝试、去感受、去犯错，去受伤，正如《人民日报》所言：“人这一辈子啊，你该走的弯路，该吃的苦，该撞的南墙，该掉的陷阱，一样都少不了。”

央视热播电视剧《我的阿勒泰》里有一名句：“世界就在手边，躺倒就是睡眠。嘴里吃的是食物，身上裹的是衣服，在这里，我不知道还能有什么遗憾。”

人生，该走的弯路，该摔的跟头，该撞的南墙，该掉的陷阱一个都不能落下，这才是人生，这才是鲜活的生命该有的样子。

人生最大的遗憾就是没有过遗憾。

第七十二篇　汉服之美，教育之美，美美与共

汉服赞

东方美神韵，汉服迎面来。

典雅如宋词，国风遍地开。

“中国有礼仪之大，故称夏；有服章之美，谓之华。”汉服具有礼仪、审美等多重文化意涵，是民族特征的标识物之一。

“罗衣何飘飘，轻裾随风还。”

汉服把古典、含蓄、轻盈、飘逸之美体现得淋漓尽致。

作为一名汉服的铁粉、一名资深高中英语教师，我在汉服之美中找寻到了教育之美，二者之美，美美与共，善美大焉。教育之美始终与人性、与灵魂等与人之为人的内在品质有所关联。教育者的使命就是“成人之美”，成就人性之美，其中自然包括成就国人的汉服之美。

据史料记载，“汉服”全称是“汉民族传统服饰”，又称汉衣冠、汉装，我认为是“不忘初心”的服饰。在2000余年的发展中，汉服虽然一直以开放包容的姿态不断吸纳着新的服饰文化元素，呈现持续、渐进式的发展态势，但它在汉代形成的核心特点始终得以保留，如交领右衽、宽袍大袖、平面剪裁、丝麻质料等。

汉裁在历史文献中被称为“制衣”“裁衣”，在中国历史上广泛流传。清代，汉裁的零星内容不断被边缘化，加上近代以来受到西式剪裁的冲击，汉裁一度销声匿迹。21世纪初，“汉服热”在海内外年轻人中兴起后，汉裁传统技艺重新受到社会的广泛关注。

当下，我国社会上兴起汉服热，人们喜欢汉服的样式，这也是人们对其承载的传统文化的认可，是对中国“礼仪之邦”“锦绣中华”根植于心的外在体现。

风格多样的汉服，是深受年轻人喜欢的文化符号。身着汉服的年轻人，是向世界展示中国传统文化的一个个行走着的鲜活音符。

美从来就是教育内在的本性，从教育产生之日起，美就与教育如影相随，如同教育世界中的空气和水，无处不在。

在宇宙自然、社会人世间广为弥漫的美的世界中，教育如汉服之美，独特而历久弥深。

教育与生命须臾不可分离。

教育始终是为了生命，灵魂是高贵的生命，教育之美由此而来。

教育与生命最美的极致碰撞就是灵魂之美。环顾四周，那一个个行走在街头的身穿汉服的华夏儿女，是刻在骨子里的对传统文化的传承与热爱，让人想到杨绛与钱锺书身穿汉服一起读书的美好，这画面是灵魂之美在中华沃土上的闪光。

教育之美，归根结底是“生命·实践”之美。《传习录》中曾有一段话：“先生游南镇，一友指岩中花树问曰：‘天下无心外之物，如此花树，在深山中，自开自落，于我心亦何相关?’先生曰：‘尔未看此花时，此花与尔心同归于寂。尔来看此花时，则此花颜色，一时明白起来。便知此花，不在尔的心外。’”

教育活动中生命的实践方式就是促进成长和发展，美在教育实践，美在生命实践，美在生命成长。

最重要的教育之美，就是生命成长之美。

教育之美邂逅真实、健康，美会主动成长、茂盛地成长。

年轻人喜欢穿汉服，不需要教师的存在和教育的力量，因为他们已经拥有了“生命对美的自觉探寻”，生命自己活、自主成长，这是人性的一部分，也是教育最美的体现。

汉服之美已经渗透在我们的日常生活中，美既是教育生活中的“日常”，也是教育的最高境界。

谁在教育生活中创造了美，创造了内外兼修之美，谁就进入了教育的极致。

第七十三篇　教师·老年

相当一部分教师对老年都或多或少有些害怕。生而为人，谁不想拥有延长的青春？谁不想“老夫聊发少年狂，左牵黄右擎苍”？

然而，所有人都无法躲避和掩盖最质朴、最自然的人生课题：老年问题。多高的权力地位，多么富可敌国的财富，多大的名望，都难敌韶华流逝、岁月沧桑、生死交错。

岁月无情，北雁长鸣，年老的帝王听到了，年老的乞丐也同频共振了；清明雨寒，扫墓祭祖，年老长辈的浊泪比青春晚辈的青泪却更具重量。

然而，人老了何尝不是好事？教师老年，从忙碌繁重的教学工作中抽离出来了，走向自由、成熟、睿智、完满的属于自己的崭新人生阶段。

年轻时的争强好胜渐渐消去，“为赋新词强说愁”的情绪亦不存在，对人、对事、对物都以平和心态看待，一切顺其自然。云卷云舒、花开花落，多了无数的安逸、悠然与自在超然。

教师老了不再需要朝六晚九，不再与学生们斗智斗勇，不再被淹没在无休止的例会、教研、培训、听课中。“自此光阴为己有，从前日月属官家。”

人生最贵的是时光。人有了清闲的时光，有了稳定的退休金，可一壶清茶，半日闲书，可一阕舒曲，野鹤闲云，可一烛灯火，几句闲诗。

教师，终于熬到老年了。从小到大，从幼年的蹒跚学步再到中青年闯荡社会的勇敢，从懵懂无知到通达睿智，教师在世上留下了三尺讲台躬耕的剪影，留下了桃李满天下的名声，于社会和家庭，多少有些许的功成名就，这些足以成为教师老年自豪的资本了。

青年时代常常被诗化，但青年时代的诗有太多的激情而缺少意境，中年太实际、太繁忙，在整体上算不得诗。向往峰巅，向往高度，峰巅只是一处刚能立足的狭地，不能横行，不能直走，只享一时俯视之乐，怎可长久驻足、安坐？

著名作家余秋雨说：“世间真正温煦的美色，都熨帖着大地，潜伏在深谷。”

只有到了老年，沉重的教育使命卸除了，生活的甘苦已了然，万丈红尘已移到远处，教师静下来的心境和放慢了的生活节奏叠加在一起，构成了奔流到海、顺其自然的乐章。此时，诗的优美意境出现了。

西方一位哲人曾说："只有饱经沧桑的老人才会领悟真正的人生哲理。"这样的一句话，我觉得出自一位老人之口尤感觉其厚重与可信。

哲理在教师老年彰显不可辩驳的巨大力量。理想与现实产生的两种巨大反差力，让中青年阶段陷入周旋与纠结。纵观人类历史，世上一切杰出的哲学家都在中年完成了他们的思想体系，晚年结出了累累硕果。

老年是如诗的年岁，是思想硕果挂满人生枝头的年岁，这绝不是为了奉承长辈。

本以为退休后就步入了老年，然而天大的喜讯从天而降，让老年教师精神一振，重回青年！

总部设于瑞士日内瓦的联合国世界卫生组织，对全球人体素质和平均寿命进行测定，对年龄划分标准做出了新的规定。

人的一生 5 个年龄段：未成年人是 0 至 17 岁，青年人是 18 岁至 65 岁，中年人是 66 岁至 79 岁，老年人是 80 岁至 99 岁，长寿老人是 100 岁及以上。

青年正当时，老年 80 岁才开始，曾经的老年教师感到从未有过的振奋与欣喜：原来 65 岁才是青春的尾巴，抓住它，正当时！

老年教师，青春激昂；教师老年，甘美芬芳。

第七十四篇　浅谈叛逆

一般来讲，相当一部分孩子，都会在青春期叛逆，或者在初二，或者在高二，这两个时间段是叛逆的高峰期。

“少年不识愁滋味，为赋新词强说愁”，是多愁善感的少男少女眉间心上的哀愁；年少轻狂，天地唯我独尊，是霸气侧漏的自我感觉良好。激素在体内的激增，让少年青春期的叛逆成了教师、家人和社会最为头痛的monster（怪物），却打不得、骂不得、任由不得、严管不得他们，青春期的叛逆成了名副其实的“雷”。

青春的叛逆是颗雷，透明的雷，一触即炸，不触亦可自炸，大触则粉身碎骨，后果不堪设想。

叛逆很酷吗？其实只不过是自相矛盾的纠结。下面这首诗，贴切道尽叛逆的少年们真实却拧巴的样貌：

你说你喜欢雨，但是下雨的时候你撑开了伞；

你说你喜欢阳光，但当阳光播撒的时候，你躲在阴凉之地；

你说你喜欢风，但清风扑面的时候，你关上了窗户。

我害怕你对我也是如此之爱。

翻译成英文就是 You say that you love rain,

but you open your umbrella when it rains;

You say that you love the sun,

but you find a shadow spot when the sun shines;

You say that you love the wind,

but you close your windows when wind blows;

This is why I am afraid,

You say that you love me too.

每个人的青春，都有连绵不断的烦恼。

当你凝视“叛逆”这头怪兽时，它也在凝视着你！跳出自己的纠结，摆脱拧巴的思维，挣脱怪兽设下的桎梏，青春期的你们才得到真正的解脱，才能绽放最亮丽的色彩。

年轻的你，血气方刚，受不得丁点的委屈。有人说了坏话，你怒不可遏，觉得必须“以眼还眼，以牙还牙”；老师批评了你，你委屈难受，感觉整个世界都成了灰色，愤愤不平；你的朋友离你而去，你伤心难过，孤独愤懑；与挚爱分手，你肝肠寸断，感觉人生从此再无意义。最终，在这些事情中，年少的你耗费了大量的时间、精力，把自己弄得满身戾气，心情暴躁，情绪低落，让青春黯淡无光。

其实，我告诉你，许多不好的人和事，让它像风一样吹过就好，不让它在你的身上、心上留痕，因为一旦理会它、在意它，它就会像铁丝一样牢牢缠住你、困住你，使你成为它的囚徒。

年轻人大多过于在乎别人的评价，他们过度依赖外在的言辞来评价和审视自己，来定义自己的成败。

哲学家叔本华曾说过一句话：“人性一个最特别的弱点就是，在意别人如何看待自己。”

王阳明，被誉为近500年来第一等人，是中国历史上可以和孔子比肩的“圣人”。然而，王阳明年轻时叛逆了5次，走了起码5次弯路。他虽然立志要做圣人，但开始时找不到方向，也时常困惑迷惘：善感多变，心无定性，沉溺于“任侠”，即当侠士，仗剑走天涯。他修习弓马骑射之术和兵法，15岁，他叛逆泛滥，竟然开启了离家出走模式，独自偷偷出走一个多月，跑去居庸关、蒙古族等地方参加了射箭和骑马比赛……

他比如今的孩子们叛逆得更离谱，花样更多。

他还沉迷于辞章诗文、沉迷于学习文章词句，还创办了文学社，但过了些时日，他又觉得没意思亲自把它解散了。

他甚至执着于道教神仙，迷恋上了佛学，在17岁结婚时，却在新婚之夜抛下妻子，与道士谈经说道，还多次上名山访道寻仙。

青春该有的叛逆，王阳明都尽数经历了，青春不该有的嘚瑟，他都嘚瑟了个遍。直到正德元年（1506），35岁的王阳明，才真正转投圣贤之学，开始笃奉儒学。

人只有经历了错误，走回正轨的时候，心里才更通透。

“浪子回头金不换”的王阳明后来经常挂在嘴上的话是“持志如心痛”，即如果一个人一心只在志向上，哪有工夫说闲话、管闲事？

这是他走过20多年弯路后，自己得出的彻骨感悟。真正彻悟的王阳明，从此寻到了自己的人生道路，创立心学，开宗立派。

毛泽东读王阳明，悟“我心即宇宙”，开创了新中国；蒋介石读王阳明，把名字改为“中正”；日本人读懂了王阳明，开始明治维新。

最初的叛逆少年，逆袭成中国历史上的大圣人。

家长，还焦虑什么？其实，每个人来到人间都有自己的使命，该走的弯路一步都不能少，那是为了我们找到自己以后真正的路……

第七十五篇　给手机放一天假，任心情浪迹天涯

终于等到久违的假期了，活成自己，找到心底最蠢蠢欲动的想法并把它变成现实吧！熬最深的夜，玩最爱的游戏，玩到天昏地暗、日月无光！上网聊天，神侃嗨聊起来，管它什么呢，只要高兴，你可以让北极熊出生在南极，反正错了也不上税。睡大觉，呼呼大睡，谁叫都不醒，你索性告诉家人，别打扰我的梦！

睡到了自然醒，然而还是疲倦，你眼下挂着熬夜人特有的黑眼圈，脸色苍白，对镜常吓自己一大跳，怀疑自己是否与镜中人有何瓜葛。

每次放假后，人们往往精疲力竭，无论学生党还是上班族，都无精打采，效率低下。

据统计，人们每天查看手机 150 次，敲击、滑动、点触手机 2617 次，人均每天使用手机的时长达到惊人的 12 小时！

是什么偷走了我们的睡眠？

是什么控制了我们的生活？

是什么玩废了我们的前途？

毫无疑问，是手机，手机，还是手机！

云时代，人类生存必备的要素是什么？可能 90% 以上的人都会说：食物、空气、水和手机。

放眼望去，大街上所有人手里握着的都是手机，或者打电话，或者看信息，或者看视频，或者看新闻、听书、写博客、看头条、刷抖音、看快手……我们的生活，已经全方位被手机绑架！

在大街上或者高铁上，你突然看到有失魂落魄、急得暴跳如雷，或是焦躁不安如同世界末日到来的人，请不要为他们担心，他们很可能只是忘记带手机了，或者他们的宝贝手机快没电或者已缺电自动关机了。

你是否见不到手机就慌乱不安？你是否幻听过有微信语音的提示音？你是否不断拿起手机，等待屏幕亮起查看新消息？

什么在操控着我们的心情？什么在随时 PUA 我们？什么让我们欲罢不能，身心疲惫？

毫无疑问，是手机！

事实上，我们对手机的依赖严重超出了我们的想象！云平台上的大数据真实呈现了手机对人类的无底线残忍“绑架”：75%的人上床睡觉时会玩手机；61%的人睡觉时把手机放在枕头下或者床上，把手机当成了精神层面上瘾的情人；50%的人如果手机忘在某个地方会感到手足无措，无法安心做事；77%的父母和孩子间的争吵都是手机引起的；超过 50%的青少年对手机上瘾，手机成为他们生活的第一需求；26%的交通事故因为使用手机而引发！

纵观世界，人类历史上没有哪个时代像现在这样，大家被一部小小的手机控制得团团转，而且被操控得心甘情愿，人们沉迷其中无法自拔！

以手机为代表的电子产品产出海量信息：全球每天 5 亿条推文、2940 亿封电子邮件、400 万 GB 的 Facebook 数据、650 亿条 WhatsApp 消息和 72 万个小时的 YouTube 新视频。

我们正在被如潮水般汹涌而来的信息淹没，无知无觉地成了它们的奴隶，被动地被裹挟着过着复制粘贴的无暇他顾的生活。

一天 24 小时，除了睡眠，即便吃饭和上厕所，很多人都在玩手机，或许有 15 个小时以上，都在和手机一起“相看两不厌”。

心理学教授拉里·D. 罗森认为，当人们查看完手机再放下之后，人们的肾上腺会分泌皮质醇。少量的皮质醇是有益的，但太多则会让人变得焦虑，所以抑郁症大多与此有关。

蒂姆·丹特指出，“我们塑造我们创建的事物，然后由它们塑造我们”。

所以，不是人在玩手机，而是手机在玩我们，手机侵蚀我们的生活，阻碍人类的发展！

第 48 次《中国互联网络发展状况统计报告》显示，截至 2021 年 6 月，我国网民规模达 10.11 亿。曾经，我们唯恐落伍于时代，唯恐成为时代的弃婴，努力学习互联网知识。如今，互联网仿佛成了我们新的栖息地，同时也是我们的牢笼，是我们不愿走出、自我设立的牢笼！

我们每天醒来，扑面而来的各种信息铺天盖地、无穷无尽，不断切割着我们宝贵的时间，侵占着我们的心灵空间，我们的专注力、知觉力严重被切割，被碎片化！我们正要认真学习，沉浸式做事，或者带孩子、家人一起野餐，或者看一部久违的好电影，一个信息推送的手机震动，一个微信语音留言，一通语音电话，一个热门头条，一个抖音视频，可能就让这一切被搁置下来，化为乌有，灰飞烟灭。互联网、电子产品正在让我们琐事缠身，我们变得无限拖延，永远无法过自己想要的平静生活，无法过内心丰盈的生活。

心无处安放，无论在哪里，你都是在异乡漂泊的游子！

极简主义生活倡导者乔舒亚·贝克尔在《极简关系》中说："我们需要扫清杂乱，才能找到前进的路。在我们的众多'资产'中，时间和精力是最贵的。"

我心安处，是幸福。

人类的幸福、快乐和满足，来自专注、自律、目的明确，来自排除生活中的干扰。你把时间用在你最珍惜的事物上面，才能活出生命的趣味，活出质感的人生。

你可以活出家人的其乐融融，活出真我，活出内心的安宁，活出精彩的自己。从放下手机开始，你可以试着静下心来，狠下心来，给手机放一天假，任心情浪迹天涯，走出虚拟的网络世界，走出烦躁焦虑，回归本我，回归家庭，回归大自然的怀抱，你会发现一个自由自在的你、开心快乐的你、幸福满格的你、未来可期的你！

第七十六篇　教师，达到内心平静与幸福的关键是——

教学工作很累，我们都想享受诗和远方，然而旅游、社交、游戏等，只能给人带来依托外力获得的短暂快乐与满足感，它们经不起时间的检验，很多时候收获的是无聊和懊悔。所以，没有精神思想做底衬的消遣其实就是精神濒临死亡的状态，它就像一张无形的灰色大网，把人活生生地禁锢住，人们欲哭无泪，无力挣扎。

叔本华认为，人生的本质是意志与欲望的无尽挣扎，而快乐只是痛苦之间的短暂间歇。

痛苦和无聊是人类幸福的两个死敌，每当我们感到快活，在我们远离上述的一个敌人的时候，我们也就接近了另一个敌人，反之亦然。

减少欲望、降低期望值，接受生命的有限，培养审美和认知维度，进行审美和哲学的辩证思考，是达到内心平静与幸福的关键。

正如与孔子同被尊为圣贤的王阳明所言：心随境转是凡夫。境随心转是圣贤。人人皆可为尧舜，人人皆可为圣贤。

远离社会的浮躁、物质的诱惑，我们教师不仅不感到无聊，而且有更多的时间观察和欣赏大自然、深刻思考人生，体验到超越物质、达到精神层面的幸福。

美国作家梭罗在《瓦尔登湖》一书中记录了自己在瓦尔登湖畔两年多的独居生活，他在一个简陋的小木屋里居住，亲自耕种，过着极其朴素的生活。

极简主义的生活方式，让梭罗找到了真正的自己，发掘到了内心真正的安宁与幸福。

我们的生活应该尽可能简单，正如《红楼梦》中薛宝钗的那句咏白海棠之诗所言："淡极始知花更艳。"花儿淡到极致便美到极致，而生活简到极致，心便安到极致。

我心安处是乐土，简单的生活，只要这不至于产生无聊，都有助于增进我们的幸福。越简单，内心越平静（More simple，more inner peaceful）。

累是教师生活的本质。我们若能更少地接触外部世界的浮躁与喧嚣，就能较少地感觉到比较之痛，就能减轻心灵的焦虑与重负。若心无重负，凡事皆易。

把生活过成一条波澜不惊、旋涡不起、清澈明亮的小溪吧，自由自在，自洽怡然，生生不息。

第七十七篇　一首诗，让我们成为更好的教师、家长！

“不带评论的观察是人类智力的最高形式”是印度哲学家克里希那穆提所说的一句警醒我们教师和家长的名言。教师和家长若能意识到自己在教育孩子时采取的不正确方式，进而改变方式，便能改善家庭关系（如夫妻关系）、领导与下属的关系，促进人与人之间的良性相处。

不站在道德的制高点对别人指手画脚是一个人最起码的教养。

如果你能看懂下面这首诗，并且改变你的思维角度，不带任何评论与他人沟通，你就可能成为更好的教师、更好的家长、更好的领导、更好的社会人。

我从未见过懒惰的人
我见过有个人有时在下午睡觉
在雨天不出门
但他不是个懒惰的人
请在说我胡言乱语之前想一想
他是个懒惰的人
还是他的行为被我们称为懒惰
我从未见过愚蠢的孩子
我见过有个孩子有时做的事
我不理解或不按我的吩咐做事情
但他不是个愚蠢的孩子
请在你说我愚蠢前想一想
他是个愚蠢的孩子
还是他懂的事情与你不一样
我使劲看了看

但从未看到厨师
我看到有个人把食物调配在一起
搭起了火看着炒菜的炉子
我看到这些
但没有看到厨师
告诉我当你看的时候
你看到的是厨师
还是有个人做的事情被我们称为烹饪
我们说有的人懒惰
另一些人说他们与世无争
我们说有的人愚蠢
另一些人说他学习方法有别
因此我得出结论
如果不能把事实和喜欢混为一谈
我们将不再困惑
因为你可能无所谓
我也想说
这只是我的意见

读懂这首诗，你或许就懂得了沟通背后的思维与想法！

曾国藩是与孔子、王阳明并称为圣人，但是他其实有点笨得可怜。他和父亲多次考秀才都没有考上。他父亲感叹道："我已考了 16 次，你又考了 6 次，就是瞎猫，也该碰上死耗子了！咱曾家就是陪考的命。"

曾国藩不这么认为，他觉得"只有文丑而侥幸者，断无文佳而埋没者"。

曾国藩并没有给自己戴上一个不适合读书的帽子，而是根据自己的实际情况定下了属于自己的人生信条："既然我是笨人那将来做一切事都要一步一个脚印，踏踏实实地用笨办法去做，不投机不取巧不走捷径。成功路上千万条，我只走那条看上去最笨、实际上最踏实的路。"

后来的曾国藩逆袭成功了，最笨的孩子却成了历史上的伟人。

作为一个从教十几年的班主任，我结合曾国藩的人生经历，再次反复吟诵：

我从未见过愚蠢的孩子
我见过有个孩子有时做的事

我不理解或不按我的吩咐做事情
但他不是个愚蠢的孩子
请在你说我愚蠢前想一想
他是个愚蠢的孩子
还是他懂的事情与你不一样
……

第七十八篇　决定一个教师未来的，不是勤奋，不是聪明，而是……

达尔文在《进化论》中提道："能够生存下来的物种，不是那些最强壮的，也不是那些最聪明的，而是那些对变化做出最快速反应的。"

英特尔创始人安迪·格鲁夫的"十倍速变化理论"：外界变化永远要比我们预料到的快10倍。

看似稳定的教师这个铁饭碗，正在被科技的飞快变化逼得无处可逃，甚至在未来，可能被击得粉碎！我们教师的很多工作，正在逐渐被AI取代。那么，我们该何去何从，才能不被时代大潮淹没，才能不被日新月异的高科技碾压得粉碎？

无意中，我看到这样一个异常有趣的现象：一滴雨的重量大约是一只蚊子的50倍，再加上下落时的加速度，它对蚊子的冲击力，相当于一辆重型大巴车全速撞到一个人的身上。然而，奇怪的是，下雨天，大多数蚊子能够安然无恙。

美国一位教授用高速摄像机拍下了蚊子在雨中逃生的场景：

当雨滴落在蚊子的翅膀和腿部时，蚊子会向击中那侧倾斜，然后侧身翻滚让雨滴从身侧滑落。

当雨滴直接击中蚊子时，蚊子会先顺应雨滴强大的推力，与之一同下落。随后迅速侧向微调，与雨滴分离，并恢复飞行。

所以，无论雨滴多重，蚊子都能逃出生天。蚊子身上就像布满了疏水的材料，就像荷叶一样，所以只要伸胳膊腿儿，就能安然无恙，优雅脱身。

其中的原因只有一个：它能随着环境和形势的变化，不断调整自己的应对策略。

时代的潮水奔涌向前，我们教师如何适应未来的变化？如何不被未来淘汰？如何成为教师行业的佼佼者？

一个教师的思维层次，决定着自己未来的人生上限：我们不妨学学雨中的蚊子，主动拥抱变化。

正如“洞见”君所言：遇到问题时，普通的人改变结果，优秀的人改变原因，顶尖高手改变思维。

同人们，你准备好迎接挑战、拥抱变化了吗？我们珍惜当下拥有的一切，并顺应时代科技的大潮，时刻准备迎接变化和挑战吧，因为明天会由谁来给孩子们上课，是我们真人版教师，还是AI机器人教师，真的很难说……

第七十九篇　跟着《人民日报》做语料库丰富、才华横溢的教师

《人民日报》这几个字是毛泽东同志亲笔题写的，它是中国共产党中央委员会的机关报，在我国的影响力巨大，是其他刊物不可同日而语的。

云时代的《人民日报》，推陈出新，每日推出很多金句，非但不晦涩难懂，还金句频出，令人叹为观止、拍案叫绝。读之令人畅快淋漓，细思感觉睿智哲理，文采风流，对我们的教育教学极有助益，我遂整理部分金句、美句如下，当作灯塔，照亮我们教育者当下以及未来之路。

当困惑迷茫、疲倦焦虑、压力巨大时，我们就读一读以下金句。

1. 人生这条路很长，未来如星辰大海般璀璨，不必踯躅于过去的半亩方塘。

2. 生活的真谛从来都不在别处，就在日常一点一滴的奋斗里。

3. 事不避难，知难不难。

4. 跋山涉水，步履不停；山高水长，映照初心。

5. 正是这些时光的零散碎片，拼出了过去一年的全景，构成了你我的共同记忆，书写着这个时代的一撇一捺。

6. 人生本来就有无数种可能，有少年得志，也有大器晚成。多一点耐心，认真做好自己，踏实前行，所有美好定会不期而遇。

7. 温暖、有趣，不必太激烈；三餐、四季，不必太匆忙。不疾不徐地把自己活成一道风景，还给生活最美好的样子。

8. 容言，则日有所进；容事，则事无不成；容人，则人无不和。宽容待人，也能被世界温柔相待。

9. 心的通透，不是因为没有杂念，而在于明白取舍。

10. 那些读过的书，都会在未来铺就你脚下的路；学过的每一点知识，都会在某一天，以意想不到的方式回馈到你身上。

当鼓励学生，教师想要语出惊人，令学生们耳目一新，彰显自己的才华横

溢时可以说以下金句。

1. 少年应有鸿鹄志，当骑骏马踏平川。

2. 生活是世界的肉身状态，它保存世界的气息，记录它变化、生长的模样。

3. 花繁柳密处，拨得开，才是手段；风狂雨急时，立得定，方见脚跟。

4. 一个人使劲踮起脚尖靠近太阳的时候，全世界都挡不住他的阳光。

5. 生命是不能被略过的，一定有人敢选最难的那条路，一定有人把生命排在利益前面。

6. 涓涓不塞，是为江河；源源不断，是为奋斗。

7. 师古不泥古，创新不停步。

8. 读过书的人眼界会开阔许多，他们见过世间的多样性，最终选择的更可能是自己想要的、认可的生活。

9. 一切伟大成就，都是接续奋斗的结果；一切伟大事业，都需要在继往开来中推进。

10. 我将玫瑰藏于身后，风起花落，从此鲜花赠自己，纵马踏花向自由。

每天，我都喜欢读一读这样的佳句，来丰富自己的语料库，丰盈自己内心世界的同时，也惠及弟子。教育是条坎坷不平的路，作为教师，尤其是从教多年的教师，谁没有过职业倦怠？谁没有累到崩溃想要放弃过？然而，正如《人民日报》所言："生命是不能被略过的，一定有人敢选最难的那条路，一定有人把生命排在利益前面。"

我们生而为人，选择了教师这个职业：正是这些时光的零散碎片，拼出了一年又一年的教育全景，构成了师生们的共同记忆，书写着这个时代的一撇一捺，谱写着教育的美好乐章。

第八十篇　教育之“痛”

每个人自降临到世间，便和教育结下了不解之缘，即便那些不需要上学的部落，没有接受过学校教育，远离了社会教育，也必然得接受家庭教育的洗礼。

教育是关乎所有物种的大事！教育无孔不入，是每个人毕生都离不开的事。在大自然中，即便一些动物也会通过父母或族群来传授生活技能。作为高级动物的人类，教育更是人人都要接触的、必须接受的，而且是终其一生都无法逃避的。它是当代地球人，乃至外太空智慧生命，生存于世间以及延续种族优势的必修课程。

毫无疑问，教育让所有人累，有时让人有点力不从心，或者精疲力竭，甚至抓狂崩溃。我就拿教育中一个普通小事辅导作业来讲，往往就是这样的状况：不做作业，母慈子孝，一做作业，鸡飞狗跳！近几年，教育导致的教师和学生自杀事件愈演愈烈，这让人触目惊心，让人真真切切地感到教育之痛，痛到无法言说。

据百度上的真实报道：位于加州洛杉矶的哈佛西湖学校（Harvard-Westlake School）是美国西部顶尖私立高中之一，被誉为好莱坞精英子女的首选学校，在全美私立高中排名第三。

进入这所最顶尖的美高，就相当于一只脚踏进了藤校大门，这些精英中学的学生自带光环，难以望其项背，是妥妥的别人家的孩子。

近年来，顶尖美高传出接连不断的学生自杀事件，打破了我们对精英中学的滤镜。这样一个培养精英苗子的学校，在一个学期的时间内接连发生了3起学生自杀事件，而学校的总人数不过1600人，这自杀比例令人感到触目惊心。

第一起自杀事件发生在2022年春季，一名高一女生自杀；2023年3月，一名12岁男生在学校公园附近用枪结束了自己的生命；暑假结束，一名即将高二的男生也自杀了。一名毕业生表示，学生们因学术期望和洛杉矶的生活方式而感到压力。据可靠消息，著名演员郑少秋的女儿，也于2023年9月30日在美国自杀身亡。

综上情况，大家都普遍认同是学业压力导致的心理问题将这些孩子逼上绝路。

近几年，我国连续发生的一些中青年教师自杀事件，学生在校自杀事件，家长和孩子因在家辅导作业，而发生冲突导致的孩子或家长自杀事件也时有发生，且呈上升趋势。

仅仅是2023年入冬以来，也就是10月到12月仅仅2个多月的时间，教师自杀事件就达4起。

2023年10月26日，郑州市管城回族区建兴路小学一女班主任吕老师因工作压力大，留遗书后去世，入职仅3个月，年仅23岁！

2023年11月8日，东莞名校东华中学初中部，男教师张锦龙，在学校跳楼身亡，年仅30多岁。

2023年11月20日，河南安阳市一女教师因产后抑郁从17楼跳下身亡，年仅30岁左右。

2023年12月4日（周一）早晨8点24分，厦门技师学院2023级机械系模具班班主任徐老师从楼道阳台一跃而下，结束了自己年轻的生命，年仅25岁！

同时，学生群体中的恶性事件也让人震惊、惋惜和痛心。

2024年1月，清华学霸陈立人用拳头打死自己的校友、妻子于轩一，手段被美国警方称“高度的残忍、恶毒和冷漠行为”。

曾经震惊全国的“静海一中七仙女案”：7个女孩儿被同宿舍舍友用农药投毒致死，案发现场犹如人间炼狱。

2023年6月，北大高才生吴谢宇弑母案二审公开宣判，执行死刑！就读于北大经济学院的大三学生吴谢宇，杀死了亲生母亲谢天琴，用十几层塑料薄膜包裹尸体，通过数台电子视频监控藏尸地点长达半年之久，随后以需要生活费、学费、财力证明等理由骗取亲友人民币144万元，四处逃亡，被抓后淡定描述杀母过程……

2015年，安徽一名12岁的女学生因被教师怀疑作弊，激愤之下逃到校外跳楼自杀，留下15字遗言令人泪目。

2023年10月10日下午，四川成都一中学发生学生自缢身亡事件，事发学校为四川省教科研究院附属实验中学。孩子在校告知妈妈“不愿意参赛”后自杀。

据安岳之声消息，2024年1月29日，安岳县兴隆中学王某某，从起航楼504教室后窗坠楼身亡。

《2022年国民抑郁症蓝皮书》中指出，世界卫生组织（World Health Organization，WHO）统计，全球约 10 亿人正在遭受精神障碍困扰，每 40 秒就有一人因自杀而失去生命，低收入和中等收入国家的自杀人数占全球自杀人数的 77%。这些自杀者中，无论是受教育不足导致的认知水平缺失，还是因为学业压力过大，抑或是因为无法承担教育任务所产生的无力感和挫败感，他们的死都与教育有直接或间接的关系。

教育之重，让人倍感压力，甚至有时会感到窒息；教育之“痛点”，无论是在身体上还是精神上，都产生出无形却巨大的“痛”。

痛定思痛，是人应对痛苦时的反应，痛会引发反思，引发自省、自我纠错、自我改变和提升。“痛”是教育里活跃着的一个音符，我们可以用它谱曲，用它来填词，用岁月做呼吸，浅吟低唱。

人生在世，怎可能没有疼痛的经历呢？疼痛的教育，是有盐、有钙的成长。

疼痛是推着人类延续下去的风，你若想躲开它，便闻不到它吹来的花香了。

教育的世界里从没有“容易”二字！我们不要急，自然界里没有一朵花从一开始就是花，也不要得意，因为没有一朵花到最后还是花。教育也是，不可能一直绽放春天，也有偶尔的寒冷冬天。

我们的每位教育者，无论来自哪个国家、哪个地区，无论是教育管理者、为人父母者、社会人以及我们的每一位教师，爱自己所从事的事业，时刻反思检讨自我，优秀自我，以身示范，才是个人和全人类终身幸福的开始。我们也只有真正意义上重视教育、热爱教育、优化教育，学会不只是为家庭和自己而活时，才能在教育中获得真正的幸福和满足。

教育是全人类的大事，无论是家庭教育、社会教育还是学校教育，走好我们选择的路，突破教育的瓶颈，跳出桎梏教育的枷锁，人类才能拥有真正意义上的生存和延续。

第八十一篇　教师的使命

教师的使命就是这样一个过程：不断在教学上超越自身的专业局限，不断磨掉自己的棱角与教育和解，不断地在与学生斗智斗勇中变得心灵强大、方法升级，这就是我们教师的命运，任何一位教师都要经历。在这个过程中，我们承受巨大的压力，感觉掌控力渐微，遭遇失败、痛苦，同时勇于超越教育中的自我局限，从而体验成就感，感受教育的幸福。

我，一个平凡的教师，在教与育的光阴中行走，紧携着家庭教育和社会教育之手，跨越乡村和城市，遇见一波又一波的学子，感受他们的青春，陪伴他们的成长，努力让他们身心健康。我也在他们身上照见自己，经由学生们引发的教育思考和梦想而成了现在的我。

这日复一日教学路途中的一切，无论痛苦还是忧伤，大部分都被我用一种独特的视角铭记，从此被岁月珍藏，有些便永久地进驻我的心底，启迪我，警醒我，历练我，塑造我，融入我的血液中成为如今的我。

教师不是苟活摸鱼的人类，不是以教龄的漫长为自豪的，而是以教育教学过程的精益求精，以年轻生命的身心健康成长、价值实现和成就人才，贡献社会、回馈社会为骄傲的。

“教育兴邦”是一句名副其实的真理，而非口号，教师是被安排到这个世界上来践行这个伟大使命的。择业而为教师，终难免被误解感觉苦弱无助，难免清贫却超负荷工作，无论你多么学富五车、厚学博闻，多么意气风发，教育世界还是要以其不可预料的神秘置你于偶尔的迷惘困顿、职业倦怠、一眼看得见底的绝望情境中。

何妨视他人之疑目如风过，不管不顾地去走干净的教育之路：不问结果，不问归期。

教师通常有一种坏习惯，清楚地记得懊恼、失败、痛苦，记得痛心疾首教学的败笔，忘却了教学中的小美好、小成就和孩子们纯真的笑脸，这实在有失发现教育之美的眼睛，有失疼爱自己，有失教育的敏感力，对教育的钝感力强。

教育也有黑夜，但终为强大的白昼所迫，重回太阳的光明照耀中。

其实，每时每刻，教师都是幸运的，因为教海无涯，教无止境，任何困难都可能在无死角拘谨中突变为升级版，加一个“更”字。

教师生命的意义从来都不是向外寻，而是在于内在笃定地建立。

教师之爱，是即便弟子让自己失望无数次，却依然不自甘堕落，选择坚守教育初心的情怀，是讲了N加1遍的知识仍然需要换角度再卷土重来，结果却依然未可知的无奈在自卑的洞穴里步步深陷，依然能绝处逢生，寻到出口后转身在爱的教途中继续深一脚浅一脚地前行，迎着太阳的方向，迎候春暖花开，柳暗花明。

教师的命运，与人类的命运一样，从不受额外的青睐与恩惠，但未来下一代的希望与我们同在，教人亦教己，育人即育心，这是教育信仰的真谛，是教育者的永恒之路。

谁说教师之路稳定？在教师的教育生命中，学生们来来去去，流逝的教学时光被枯燥的重复吞并却每每以新生的方式卷土重来。

第八十二篇　微散文：善独的芬芳

一个善独女子，一杯香茶，下午 3 点的阳光透过阳台紫色的窗纱悠然泻下……绿萝爬满白色心形的花架，周身缀着时光深深浅浅的碧绿，紫罗兰仙子纤细的腰身，随风摇曳，细数着这闲散的时光。君子兰油亮的肥厚手掌，向天空反向翻起，有序地排列成可爱的纵队，半遮住了身形娇小的倒挂金钟那羞红的笑脸，让人忍俊不禁，心生怜爱。

鹅梨帐中香的白色烟柱在空调的气息里跳起了婀娜的古典舞，伴着空气里淡淡绿茶香。下午 4 点的阳光从窗棂间轻轻地折身进来，轻盈地落在小巧的书桌上，在翻开的线装书页中嬉戏，与我的眼眸捉迷藏似的，在泛黄的文字间停停走走……这是只属于一个善独灵魂的小资光阴。

听理查德·克莱德曼的钢琴曲，品茶画兰，抚摩脚边睡着雪球般可爱的小狗凯撒，这样的光阴让人心生欢喜。请夏日的夕阳且停停，等等我画的文心吊兰的墨迹风干，我们需要这样偶尔的慢煮时光，如生活美学家，同为廊坊人的雪小禅那样，懂得享受生活随时大大方方的美。

人间风月属闲人：荷风隔岸香满，喝着这惬意的下午茶，听着优美舒缓的钢琴曲，看着这夏花呢喃诉说心语，我的心在不觉中已然微醺——时光原来可以这样静美，时光原来可以如此芬芳，拥有这样的时光一辈子是不够的，因为值得深爱的事物太多了，每一秒都是李商隐那首《锦瑟》诗里的良辰：

锦瑟无端五十弦，一弦一柱思华年。
庄生晓梦迷蝴蝶，望帝春心托杜鹃。
沧海月明珠有泪，蓝田日暖玉生烟。
此情可待成追忆，只是当时已惘然。

然而，此情此景并未成追忆，它是我当下拥有的美好，真实到触手可及，入心入肺。下午茶是要配上一两样小茶点才像样的：明珠南面那家杨胖子绿豆糕永远是夏日里最可人的，桂花糕同频迷人，一小碟新煮的翠绿的毛豆，十几粒酒红色的花生米，配上插在青色桂花酒瓶中的几朵小雏菊，此时的生活真是入了醇厚的滋味，可仔细赏，可慢慢食用。

新鲜的诗行用小菜儿来炒，放在热热的时光的砂锅里，碰撞出无法言说的生活的美味。

空气里弥漫着每日都是限量版的味道，南方朋友寄来的玫瑰鲜花饼是她亲手做的，散发着食材和友谊的甜香。佐以岁月静好的酒，配上当下的好心情，便是人间最好的滋味。

如果此时有人来敲门，断断是不想起身的，因为我正慵懒在这醉人的时光里……开门，那将是一件极为违和的事情，此时的我是不情愿的。此刻世界是我的，我只享这独处之欢愉，屏蔽了所有外在的喧嚣。原来，及时止损是这样美好的能力。

善独的芬芳馥郁迷人：回眸莞尔微笑去，我辈岂是红尘人？潇湘妃子何处寻，清风明月共此时。

后记：嗅闻教育的香气

在三尺讲台上，我已在一线教学跋涉了将近30个年头，追忆过往，我经常对教育进行碎片式的思考，品味刹那的开悟，品尝教育的味道，嗅闻教育的香气。

01

知识是多么有力量的虚拟与真实完美结合的存在啊！它能让人类生翅高飞，能让人类迅速地奔跑，能让人稳妥地承载生活的重量，让人的两条腿如磐石一样稳，令人踏实、愉悦，方向清晰。

所有人生路上的个体，正是因为知识强大的力量融入身体，注入心灵，才拥有了活着的开心与欢乐吧？

02

大约与教育最紧密、最纯粹地联系在一起的智者，需得有最自觉、牢固的自我优化意识，需得甘心与学生平起平坐而不去充当他们的主宰者。不知做到这些，一个教师需要怎样的纯真初心与对名利的有力摒弃？

03

教学生活一旦味道浓了，香气重了，教师周遭的一切便清晰明了了，除了清心育才，再没什么可争的了。

04

在所有雨过天晴的时刻里，教育的天空像人生的幕布一样华美，教师的心像在维也纳金色大厅聆听一场盛大的音乐演出一般激动。

沿时光斑驳的隧道斜坡蜿蜒前行，视野尽头的第一堂课慢慢延展在眼前。

惊起却回头，心事无人懂，满目小树绿灿烂，抬头处蓄满了黄金般的阳光。知识水流边的弟子们一群一群地嬉闹着，或下水沐浴，或乘舟泛游，载不动，岁月溜。视野中，孩子们是唯一的生命，只有他们是“活”的，在水流中不时地游弋，青春气息蔓延。

05

教育的天空经常摇摆，茫茫群山左右倾斜，空旷寂静的世界像巨大的摇篮，只为孩子们的一架秋千而悠扬晃动。

教师是多么有力量的人啊！教师能驾驭知识迅速地奔跑，能稳妥地承载日复一日的单调与重复，双臂温暖，内心笃定善良，让学生们感到春风吹过心田的舒适。所有的民族，正是因为教师这样强大的群体延伸了思维，延伸了心的力量，才拥有了活着的勇气与丰盈吧？

当一个少年学生独自站在知识的高崖上，那情景，像神明的降临一样让人突然心意深沉，泪水涌动……因此，少年似乎又是暗藏启示的。他无论出现在哪里，都像是站在山野最神秘的入口处一样。他神情闪烁，欲言又止。他一定早就得知了什么，他一定远在我们认识他之前，就已认识我们了，只有他看出了我们的严厉背后的柔软。

06

全部的生活从教书育人开始。孩子们像春天出生的羔羊，活泼、动人。他们犯错，不停地走弯路、受伤，但人生的探索仍未结束。他们的青春在教育之屋的每一道缝隙里，他们求知的欲望激励着教师，他们的思考渐渐被高深的知识力量吸引，他们的身体在激素的催促下成长，迅速而猛烈。他们是教育花园里最美的花儿。

07

我要赞美孩子们！我要身着教师的盛装，站到喜马拉雅山的顶端，冲着整个世界大声地赞美！——Goodness（天啊），多亏我们的生命里有孩子们这样的可爱群体来推动着。如果走其他途径，我们将会丧失多少深沉的快乐和贴近内心深处的温暖啊！

08

每当我们在教育生活中穿梭时，轻快地走在教室最前面的讲台前。学生们的眼神清澈明亮，他们就像一个个纯美的精灵。其中说不清的苦辣、道不明的酸甜，是教育独特的味道！在教育的出口、社会中央，突然闪现的那个卓越弟子，总是万众瞩目、熠熠闪光的。

09

在每一个温暖的晴天里，请尝试长时间坐在阳光下的草地上，慵懒地东张西望，抑或随心所欲地用目光碰触蓝天白云，或者单纯地放空心灵，不见尽头，像是在阿勒泰广袤的草地上摊开了生命，一寸一寸地用心灵的清泉冲刷、摩挲。教师，都是热爱阳光的，都是喜欢嗅闻教育的香气的。